高校知识溢出对企业创新绩效的影响研究

A Study on the Impact of
Knowledge Spillover from Universities on
Enterprise Innovation Performance

李 莉
陈盛兴
李胜芮 著

化学工业出版社

·北京·

内容简介

本书以重庆市四个国家级高新技术产业园的企业为研究样本，以开放式创新理论和知识吸收理论为理论基础，综合运用文献研究、问卷调查、深度访谈和数理统计分析等研究方法以及 SPSS 和 AMOS 等数理统计工具，围绕"高校知识溢出对企业创新绩效的影响及其作用机理"展开研究。本书开发与修订了创新绩效影响因素变量的测量量表，并对其信效度进行了小样本测试和大样本检验；分析了关键影响因素对创新绩效的作用机理。本书为促进产学研深度融合，高校知识输出和成果转化及高新技术企业提高创新绩效提出了相关政策建议，期望为促进企业技术创新提供新的思路和实证依据。

本书适合高校经济管理专业、教育学专业的师生，高校成果转化、企业管理或相近领域的研究人员，企业管理人员阅读。

图书在版编目（CIP）数据

高校知识溢出对企业创新绩效的影响研究 / 李莉，陈盛兴，李胜芮著. -- 北京：化学工业出版社，2025.1. -- ISBN 978-7-122-46788-1

I. F279.23

中国国家版本馆 CIP 数据核字第 202437MC85 号

责任编辑：张 蕾　　　　　　装帧设计：刘丽华
责任校对：宋 夏

出版发行：化学工业出版社
　　　　　（北京市东城区青年湖南街 13 号　邮政编码 100011）
印　　装：北京天宇星印刷厂
710mm×1000mm　1/16　印张 7¼　字数 130 千字
2025 年 4 月北京第 1 版第 1 次印刷

购书咨询：010-64518888　　　　　售后服务：010-64518899
网　　址：http://www.cip.com.cn
凡购买本书，如有缺损质量问题，本社销售中心负责调换。

定　　价：80.00 元　　　　　　　　版权所有　违者必究

前言
FOREWORD

中国的创新体系要求"创新是引领发展的第一动力",是建设现代化经济体系的战略支撑,是企业为主体、市场为导向、产学研深度融合的技术创新体系。高新企业是我国区域经济发展的重要引擎,通过对资金、劳动力、技术的聚集和合理分配可以使集群企业的创新能力得到整体提高,作为国家创新体系的重要组成部分,高校在基础科学研究和各行业专业技术人才培养方面发挥着重要作用。它们不仅在各自区域的国民经济和科学技术进步中发挥着驱动作用,还是国家科研和创新基础设施的支柱,可以在此基础上进一步发展和完善。

基于内生经济增长理论和知识吸收理论的理论框架,本书通过国内外文献检索、对中国企业现实背景的分析以及对实证数据的考察,探讨了大学知识溢出对企业影响的机制,研究了影响企业创新绩效的因素及其背后的机制。研究中采用问卷抽样调查、SPSS 21.0 和 Amos 24.0 进行统计分析,对重庆高新技术园区的 4162 家企业进行了研究,发现大学向企业传递的显性知识和隐性知识对企业的创新能力非常有益。大学知识溢出显著提高了吸收新信息的能力,企业的创新绩效受到其吸收能力的显著影响。

本书提出了一些提高企业创新绩效和大学企业协同创新的建议,包括但不限于以下几点:企业应战略性地规划与大学建立合作关系;应增加这些合作关系中的知识共享活动;应专注于加强合作信任,并提高各自企业的吸收能力。综上所述,本书为进一步的研究提出了一些途径,包括从多维角度研究大学知识溢出对企业创新绩效的影响、从动态发展的角度研究大学知识溢出对企业创新绩效的影响,以及基于行业差异研究大学知识溢出对企业创新绩效的影响。

本书所得到的研究结论更多的是基于对重庆高新技术企业创新模型的证实和解读,此理论框架的应用情境还有待更为深入的挖掘。同时,也请同样致力于创新理论研究的学者,基于本书所建立理论模型做更多实证研究,对其进行修正和完善。

著者

2024 年 8 月

目录 CONTENTS

第一章
绪论 / 001

一、研究背景及意义 　　　　　　　　　　001
二、研究问题和研究目标 　　　　　　　　008
三、研究意义 　　　　　　　　　　　　　014
四、研究范围 　　　　　　　　　　　　　017
五、概念界定 　　　　　　　　　　　　　018

第二章
研究现状 / 021

一、发展现状 　　　　　　　　　　　　　021
二、理论基础 　　　　　　　　　　　　　025
三、创新绩效的相关研究 　　　　　　　　034
四、大学知识溢出的相关研究 　　　　　　038
五、吸收能力的相关研究 　　　　　　　　047
六、变量之间的关系研究 　　　　　　　　051
七、研究述评 　　　　　　　　　　　　　059
八、研究理论框架 　　　　　　　　　　　061

第三章
研究方法 / 062

一、研究哲学框架 　　　　　　　　　　　062
二、研究设计之构建与阐述 　　　　　　　064
三、样本总体和数据分析单位 　　　　　　065
四、本研究的抽样技术及其标准阐释 　　　067

第四章
实证研究及研究结果 / 079

一、数据收集 　　　　　　　　　　　　　079
二、信度分析 　　　　　　　　　　　　　080

三、效度分析　　　　　　　　　　　　　　080
　　四、相关性分析　　　　　　　　　　　　　085
　　五、假设验证　　　　　　　　　　　　　　085

第五章
结论与展望 / 088

　　一、研究结果的讨论与分析　　　　　　　　088
　　二、研究的意义　　　　　　　　　　　　　093
　　三、政策建议　　　　　　　　　　　　　　095
　　四、未来研究建议　　　　　　　　　　　　097

参考文献 / 100

第一章 绪论

在技术进步日新月异、消费市场逐渐萎缩、开放市场波动愈发剧烈的多重冲击下,现代企业所面临的经营环境比历史上任何时期都更加复杂与严峻。在这样的大背景下,以知识创造与应用为核心的大学,其在整个社会创新体系中的作用愈发凸显。大学不仅是知识的摇篮,更是新技术、新理念的策源地,其知识溢出对于推动区域乃至全球的经济社会发展具有不可估量的价值。

尽管大学知识溢出的重要性已得到广泛认可,但关于其如何影响不同企业的创新能力,以及如何在这一过程中提升企业的创新绩效等问题,目前仍缺乏系统的学术研究。为此,本书拟在现有数据资源的基础上,深入探讨大学知识溢出与企业知识吸收能力之间的内在联系,并进一步分析这种联系如何影响企业的创新绩效。通过揭示这些要素间的互动机制和传导路径,期望能够为企业的创新实践活动提供有益的理论指导和实践借鉴,同时也为丰富和完善现有的创新理论体系做出一定的贡献。

一、研究背景及意义

随着中国经济的快速崛起和全球市场竞争的日趋激烈,中国企业面临着前所未有的复杂局面和严峻挑战。据中国企业家调查系统数据显示,超过80%的企业家认为当前市场竞争环境较为激烈或非常激烈,这显示出在当前形势下,企业要在市场中脱颖而出并取得竞争优势的难度越来越大。

在这样的大背景下,创新已成为企业应对挑战、实现持续发展的核心动力。根据中国社科院发布的《中国企业创新力报告》,创新已成为中国企业发展的主要引擎,其对企业发展、战略制定以及地区经济现代化的影响日益显著。特别是随着数字化、共生经济和知识经济的深入发展,单纯依赖内部资源已难以满足企业在市场竞争中的需求。因此,开放式创新模式的重要性日益凸显。

开放式创新要求企业打破传统的封闭式创新模式,将原本短期、离散的外部资源整合转变为长期、战略性、频繁的有效内外联动。通过这种方式,企业能够与外部资源形成稳固的合作关系,构建资源网络,从而显著提升创新绩效。据中国创新研究院的数据,采用开放式创新模式的企业在创新效率和创新成果上均优于传统封闭式创新模式的企业。

作为知识创新和新信息、技术进步的重要发源地,大学在中国技术创新体系中的作用日益突显。大学不仅是知识的产生和扩散中心,更是将研究成果转化为具有市场价值的产品的关键桥梁。教育部科技司数据显示,近年来,中国大学与企业合作开展的研发项目数量呈快速增长趋势,这充分说明了大学在推动企业技术创新中的重要作用。

因此,当前学者、企业家以及政府都关注如何利用大学的知识溢出效应,以最大化提升企业的技术创新潜力。这不仅有助于推动中国企业的转型升级和持续发展,更是实现中国经济高质量发展的重要途径。通过深入研究开放式创新模式以及大学与企业间的合作机制,有望为中国企业的创新发展提供新的思路和方法。

(一)现实背景下的中国创新发展

近年来,中国在全球创新领域中的地位日益凸显。根据世界知识产权组织(World Intellectual Property Organization,WIPO)在2022年发布的全球创新指数(Global Innovation Index,GII),中国在全球132个经济体中排名第11位,相较于2021年上升一位。这不仅标志着中国成功跻身创新型国家行列,更意味着中国正步入实现高水平技术自主、构建科技强国的新阶段。学术研究表明,这种创新与发展之间的正相关关系,正是中国将创新作为经济高质量增长核心引擎的明证。

1. 创新赋能中国高质量发展

2016年,中共中央 国务院印发了《国家创新驱动发展战略纲要》(简称《纲要》),提出了建设创新型国家的三步走战略:第一步,到2020年进入创新型国家行列,基本建成中国特色国家创新体系,有力支撑全面建成小康社会目标的实现。第二步,到2030年跻身创新型国家前列,发展驱动力实现根本转换,经济社会发展水平和国际竞争力大幅提升,为建成经济强国和共同富裕社会奠定坚实基础。第三步,到2050年建成世界科技创新强国,成为世界主要科学中心和创新高地,为在新中国成立一百年时建成富强民主文明和谐的社会主义现代化国家、实现中华民族伟大复兴的中国梦提供强大支撑。《纲要》是国家实施创新发展战略的顶层设计文件,《纲要》指出中国将大幅增加资源供给,"供给"就是要支持重要新兴产业建设,形成一批具有非凡核心技术能力的创新型企业,增强国家融合创新能力,引领新技术发展。2020年,中共中央 国务院《关于构建更加完善市场化要素配置体制机制的意见》提出，要推动高校和科研院所的技术和科研成果转化，加快扩大国内创新要素市场，突出保护知识产权的重要性。

2023年，中国国内生产总值（GDP）超过126万亿，比上年增长5.2%，增速比2022年加快2.2个百分点，增速居世界主要经济体前列，对全球经济增长贡献率达到32%，是世界经济增长的最大引擎。中国发展进入新常态，经济增长迫切需要从要素驱动与投资驱动向创新驱动转变，随着创新驱动发展战略深入实施，关键核心技术领域攻关加强，国家战略科技力量不断增强，科技创新成果不断涌现，新产业、新业态、新模式茁壮成长，经济发展的活力和内生动力持续释放。2022年，我国全社会研究与试验发展（R&D）经费投入达3.1万亿元，首次突破3万亿元，比上年增长10.4%，稳居世界第二位，R&D经费与国内生产总值（Gross Domestic Product，GDP）的比值为2.55%，比上年提高0.12个百分点。经济高质量发展为科技创新提供了物质基础，反之，科技创新促进了经济高质量发展。从上述数据可以看出，中国经济之所以能够继续保持稳中向好的趋势，一个重要原因就是创新驱动已经成为中国经济的新引擎，新旧动能转换加快，以及由此带来的产业结构升级。

综上所述，创新驱动不仅促进了中国经济的快速增长，也为产业结构的升级与新旧动能的转换提供了强大动力。科技创新成果的不断涌现与新产业、新业态、新模式的蓬勃发展，正推动中国经济发展向更加高质量、高效益的方向前进。中国通过持续加大创新投入、优化创新环境、实施创新驱动发展战略等措施，已在全球创新领域取得了显著成就。而这一切的努力与投入，不仅为中国经济的稳中向好趋势提供了有力支撑，也为全球创新与发展提供了新的动力与启示。

2. 创新助推重庆产业结构转型

在全球化和知识经济日益成为发展主流的今天，创新已成为驱动国家经济增长和产业升级的核心动力。在这一背景下，各省市纷纷出台了一系列深化体制机制改革、加快实施创新驱动发展战略的政策措施，力求在新一轮的科技革命和产业变革中抢占先机。作为直辖市的重庆在"一带一路"、长江经济带和成渝地区双城经济圈建设三大国家战略的叠加下，不仅成了中国第四大经济增长极，更在创新发展的浪潮中迈出了坚实的步伐。

2022年，重庆区域生产总值高达29129.03亿元，在全国城市中排名第四。这一成就的背后，是重庆市人民政府对创新驱动发展战略的高度重视和深入实施。为了加快创新步伐，重庆市发布了《重庆市深化体制机制改革加快实施创新驱动发展战略行动方案（2015—2020年）》。该方案明确提出了提升高校科技创新源供给能力的目标，强调围绕全球前沿科技发展方向和重庆战略性产业发展需求,与龙头企业、科研院所紧密合作,形成一批具有自主知识产权的发明专利和技术标准,推动科技成果的工程化和产业化,为重庆的重点产业转型升级提供有力支持。

自2012年以来,重庆的产业发展路径经历了从高投入、大规模发展向结构调整、产业升级的深刻转变。在这一过程中,汽车和电子产业成了重庆经济的双引擎,装备、材料、消费品等产业则为这一增长格局提供了坚实支撑。特别是在信息技术、新能源、智能网联汽车等战略性新兴产业的快速发展下,为重庆工业的高质量发展注入了新的活力。然而,产业结构的升级和发展并非一帆风顺。随着转型调整的深入,重庆工业经济也经历了一段时期的"阵痛",发展速度逐渐放缓,工业占区域生产总值的比重也呈现出逐渐下降的趋势。2019年,工业占比降至近年来的最低点,为27.8%,比2012年下降了9.2个百分点。

近几年,重庆第三产业服务业的发展速度有所放缓,但与此同时,工业深化结构性改革的成果开始逐步显现,呈现出稳中复苏的迹象。工业占比也有所回升,2021年达到28.3%,比2019年提高了0.5个百分点。这一变化不仅显示了重庆在产业结构调整中的灵活性和韧性,也反映了重庆市政府对于创新驱动发展战略的坚定执行和有效推进。

在创新投入方面,重庆同样展现出了不俗的实力。2022年,重庆研究与试验发展(R&D)经费投入强度为2.36%,首次进入全国前10位,位居西部第1位。在这一背景下,高技术产业和战略性新兴产业对工业增长的贡献率分别达到了37.9%和55.7%,成了推动重庆工业增长的重要力量。2021年,重庆市培育了科技型企业36939家,增长了40.1%,高新技术企业数量达到了5108家,增长了21%。高技术产业增加值和战略性新兴产业增加值分别增长了18.1%和18.2%,显示出企业创新动力、活力和创新能力的显著增强。

值得一提的是,根据中国科学技术发展战略研究院发布的《中国区域科技创新评价报告2022》,重庆的综合科技创新水平指数继续保持在全国第7位的水平。这一成绩不仅是对重庆市科技创新工作的肯定,也为重庆未来的创新发展提供了坚实的基础。从世界知识产权组织2022年发布的全球创新指数来看,重庆自2019年首次入围城市创新集群百强以来,已连续4年上榜,排名更是上升了39位,位列第49位。这一进步再次证明了重庆在全球创新格局中的重要地位和不断增强的创新能力。

综上所述,重庆在创新驱动发展战略的引领下,不仅实现了产业结构的成功转型,也在全球创新舞台上展现出了强大的实力和潜力。未来,随着重庆市在创新领域的持续投入和深化改革,相信重庆将继续保持其在经济增长和创新发展方面的领先地位,为中国乃至全球的科技进步和产业升级贡献更多的力量。

3. 高校与企业的日益密切的联动关系

在高等教育体系的建设与发展中，高校与企业之间的联动关系日益显现出其重要性。教育部官方数据显示，至2022年，中国高等教育学生总数已达到4655万人。自中国高等教育从精英教育模式转向大众教育模式以来，其在社会经济和技术创新中的作用日益凸显。高校作为知识创造、传播和应用的核心机构，不仅为社会提供了大量具有创新精神和高技能的人才，还为国家的创新引擎注入了新的活力。

在当前的国家创新体系中，高校占据了举足轻重的地位，成为实施创新驱动发展战略的关键力量。高校科技成果的转化与应用更是成为推动国家创新发展的核心要素。2022年，我国高等院校在研究与试验发展（R&D）领域的经费支出总额达到2412.4亿元。这一数据充分表明，高校正逐渐成为技术创新的主战场，加快科技成果的转移转化不仅是对经济社会发展的直接贡献，也是高校自身发展的内在需求。

随着科技研发投入的逐年增长，高校科技成果的创新产出是否与之成正比，成为了社会各界关注的焦点。根据教育部的统计数据，从2012年至2021年，中国高校的专利申请量从10.6万项增加至36.7万项，增幅高达246.2%；专利授权量也从6.9万项增加至30.8万项，增长了346.4%。同时，专利授权率从65.1%提升至83.9%，专利转让金额也从2012年的8.2亿元人民币增长到2021年的88.9亿元人民币。这些数字不仅反映了高校职能从传统的人才培养、文化传承和科学研究向社会服务的转变，更凸显了科学研究从基础研究向应用研究的倾斜。

近年来，越来越多的高校通过成立大学生创业孵化基地，将科研成果转化为实际产品和服务，为地方社会经济服务提供了有力支持。这种产学研深度融合的模式不仅体现了高校科研的价值，也为高校自身的发展注入了新的活力。大学的知识产出具有显著的社会效益，是企业获取新产品、新服务的关键来源。高校通过发表学术文章、人才培养以及产学研合作等方式，实现了知识的溢出和转移。实证研究表明，高校的研发活动对知识溢出的影响随着研发强度的增加而增强。因此，企业能够从高校这一重要的知识产出机构中获益，利用高校在人才流动、技能获取和研发等方面的优势，通过产教融合，获得高附加值产品的市场竞争机会，从而提升自身的创新绩效，进一步推动区域的经济社会发展。

综上所述，高校与企业之间的紧密联动不仅促进了科技成果的转化和应用，还为经济社会发展注入了新的动力。随着这一趋势的持续发展，未来高校与企业的合作将更加深入，共同推动中国的创新发展和经济繁荣。

（二）理论背景下的创新理论研究

在战略管理的广阔领域中，如何提升企业创新绩效并获取与维持市场竞争优势始终占据核心地位。围绕这一问题，学者们提出了多种理论进行解释和探讨，其中内生经济发展理论和知识管理理论尤为突出。然而，这些理论在解释创新现象时，都不可避免地触及了创新理论的范式转型。这一转型为我们揭示了创新活动从线性到非线性、从封闭到协同、从独立到系统的演变过程。

1. 创新范式的转型历程

自20世纪30年代，约瑟夫·熊彼特首次提出"创新"概念以来，创新理论经历了三次重大的范式转型，每一次转型都标志着我们对创新活动的理解进一步深化和丰富。

第一阶段：传统线性创新范式

该范式主要基于新古典学派和内生增长理论，强调企业内部的创新过程。在这一阶段，创新被视为一个线性的流程，从基础研究、应用研究到开发、生产，最终实现产品价值的转化。这一范式认为，企业内部的研究与开发部门是创新的源泉，而外部环境对创新过程的影响较小。

第二阶段：交互耦合的开放协调创新范式

随着国家创新体系理论的兴起，创新范式开始从封闭转向开放。这一阶段的创新强调产学研之间的紧密合作，以及"政府—企业—高校和科研机构"之间的协同作用。Chesbrough 和 Kardon（2006）提出的开放式创新定义，为这一阶段提供了理论支撑。开放式创新强调企业通过与外部组织的知识交流和合作，加速内部创新过程，从而扩大外部市场。这一范式转型意味着创新不再仅仅是企业内部的行为，而是涉及多个组织和环境因素的交互作用。

第三阶段：创新生态系统范式

近年来，随着生态理论的兴起，创新生态系统范式逐渐成为主流。2004年，美国总统科技顾问委员会（PCAST）首次提出"创新生态系统"概念，强调产学研用共生的系统性创新。在这一范式下，创新被视为一个由多个创新主体和环境因素构成的复杂生态系统。创新生态系统强调创新行为主体之间的动态演化和相互作用机制，突破了传统线性创新范式的局限。它认为，创新不再是单一组织的行为，而是多个组织之间紧密联系、相互依赖的生态系统。在这一生态系统中，企业、高校、科研机构、政府、中介机构等各个主体通过相互作用和依存，形成了一种共生关系。这种共生关系不仅促进了创新资源的流动和整合，还提高了创新活动的效率和效果。

创新理论的范式转型反映了我们对创新活动认识的不断深化和拓展。从线性到非线性、从封闭到协同、从独立到系统的转变,不仅揭示了创新活动的本质特征,也为我们提供了新的视角和思考框架。随着科技和社会的快速发展,创新生态系统的构建和优化将成为推动经济持续创新发展的关键因素。因此,深入研究创新生态系统下的产学研用一体化发展、政府角色的定位与调整以及创新生态系统的动态演化等问题,对于推动区域经济的持续创新和发展具有重要意义。

2. 知识管理理论视角下的创新

在 21 世纪这个科技飞速发展的时代,创新已成为组织生存和发展的核心驱动力。在这一过程中,知识管理理论扮演着至关重要的角色。下文将从知识管理理论的视角出发,深入探讨创新的过程、机制及其对组织绩效的影响。

首先,知识管理理论的最新发展强调了工作、技术和全球经济性质的变化。这些变化不仅改变了知识的产生、传播和应用方式,还深刻地影响了组织的创新能力和绩效。社会知识管理理论强调在个人和群体之间建立关系、信任和沟通的重要性,以创造对知识及其价值的共同理解。这一理论的核心在于认识到知识不仅是一种资源,更是一种社会现象,其价值和意义是在特定的社会情境中建构的。因此,组织需要建立一种开放、包容和互信的文化氛围,促进不同部门和员工之间的知识交流和共享,从而激发创新思维,提升创新能力。

其次,知识管理理论越来越关注知识创造在推动创新和组织绩效中的作用。知识创造是指通过一系列复杂的认知和社会过程,将现有的知识进行重新组合、融合和创新,从而产生新的、有价值的知识。Nonaka 和 von Krogh(2009)指出,知识创造是一个螺旋上升的过程,包括隐性知识和显性知识之间的相互转化和融合。在这一过程中,组织需要建立一种有效的知识管理机制,包括知识获取、存储、转移和应用等环节,以确保知识的有效流动和利用。同时,组织还需要通过激励机制和文化建设等措施,鼓励员工积极参与知识创造活动,提升组织的创新能力。

此外,大数据和分析也被纳入知识管理理论,以识别可以为决策提供信息和提高组织绩效的模式、趋势和见解。随着信息技术的不断发展,组织可以通过数据挖掘、机器学习等技术手段,从海量的数据中提取有价值的信息和知识。这些信息和知识不仅可以帮助组织更好地了解市场需求、竞争态势和顾客行为等关键信息,还可以为组织的创新活动提供有力的支持和指导。因此,组织需要加强对大数据技术的应用和研究,提高数据处理和分析的能力,从而更好地利用知识资源推动创新活动。

有效的知识共享和跨组织边界的转移也被强调为组织成功的关键因素。在全球化背景下,组织之间的合作和联盟已成为一种常态。通过跨组织的知识共享和转移,组织可以获取更多的外部知识和资源,从而增强自身的创新能力和竞争优势。为了实现这一目标，组织需要建立一种开放、透明和互信的合作机制，促进不同组织之间的知识交流和共享。同时，组织还需要通过制定合理的知识产权保护措施和激励机制等措施，确保知识的有效保护和利用。

在谈到企业的角色时，Cohen和Levinthal（1990）提出了外部信息的重要性，并将其扩展为知识吸收能力的概念。吸收能力是指企业识别、获取、消化和应用外部新知识的能力。这种能力对于企业在动态环境中保持竞争优势至关重要。然而，在他们的大多数理论模型中，都假设企业输入和溢出的知识是对称的，这就排除了企业管理这种信息流的想法。实际上，管理外部信息流是知识管理的重要组成部分。通过有效地管理外部信息流，企业可以最大化外部知识的溢出效应，同时最小化对非合作伙伴的溢出效应。这不仅可以提高企业的知识利用效率和创新能力，还可以增强企业的竞争优势和市场地位。

知识管理理论在创新过程中发挥着至关重要的作用。通过构建开放、包容和互信的组织文化、加强知识创造和管理、促进跨组织的知识共享和转移以及优化知识管理策略等措施，组织可以提高自身的创新能力和绩效水平。

基于以上分析，本研究以重庆市为例，探讨了高校知识溢出对本地区的高新企业创新绩效带来的影响。重庆市作为中国西部地区的重要城市，拥有众多高校和科研机构，这些机构的知识溢出对于推动本地企业的创新活动具有重要意义。通过实证研究，我们分析了高校知识溢出对企业创新绩效的影响机制和路径，并探讨了如何优化知识管理策略以提高企业的创新能力。这一研究不仅有助于深化对知识管理理论和创新过程的理解，还可以为政府和企业制定有效的知识管理政策和实践提供有益的参考和借鉴。

二、研究问题和研究目标

（一）研究问题

在实施创新驱动发展战略的过程中，培育创新主体的自主创新能力显得尤为关键。近年来，随着国家和地方政府对高新技术企业的积极培育，企业的创新能力和发展速度得到了显著提升。在这一背景下，企业对外部知识、技术转移和转换的需求日益增长，尤其对高校的创新知识和人才资源的需求更是迫切。学术界普遍认为，大学的研究成果是政府和决策者推动区域经济发展所需的国家新知识的重要来源（Z. J. Acs等人，2013；Tsvetkova和Partridge，2021）。尽管这一领域的研究已经取得了一定的进展，但仍存在许多值得深入探讨的问题。

首先面临的问题便是高校知识溢出对企业创新绩效的影响程度。知识溢出作为企业创新活动中的重要组成部分，其对企业创新绩效的影响究竟有多大？这种影响是正面的促进作用还是负面的阻碍作用？这些问题的解决需要我们从理论和实证两个层面进行深入的研究。

其次，如何量化知识溢出的效应也是一个亟待解决的问题。知识溢出是一个复杂的过程，涉及知识的产生、传播和应用等多个环节。如何准确地衡量知识溢出的效应，并将其与企业创新绩效建立联系，是我们需要面对的挑战。这需要我们运用科学的方法论和先进的技术手段，对知识溢出的过程和机制进行深入的分析和研究。

此外，知识溢出是否会对企业的创新产生异质性的影响也是一个值得研究的问题。不同的企业因其规模、行业、技术水平等因素的不同，对知识溢出的吸收和利用能力也有所不同。因此，知识溢出对企业创新绩效的影响可能因企业而异。这就需要我们在研究中充分考虑企业的异质性，以揭示知识溢出对企业创新绩效的差异化影响。

具体来说，有以下四个方面的研究问题。

1. 知识溢出效应的双重性分析

在探讨知识溢出对企业创新绩效的影响时，学术界普遍认为这一影响并非单一方向，而是存在双向性，即知识溢出可能产生正、负双重效应。这一观点得到了多位学者的支持，包括 Ali 等人（2018）、Bernstein 和 Nadiri（1988）、贾菲（1986）、Li 和 Bosworth（2020）、Mukoyama（2003）、施（2002）、Wardley 和 Griliches（1995）以及赵等人（2019）。

自 Arrow（1962）的开创性研究以来，学者们已经逐渐认识到外部知识对企业创新过程可能产生的深远影响。Griliches（1979）、Griliches 与 Lichtenberg（1984）的进一步研究表明，企业通过与外部资源，如大学、研究机构和同行企业之间的合作与研发，可以产生显著的知识溢出效应。然而，尽管对这些合作与溢出效应的研究已经相当丰富，但对于这些机构之间的互动如何影响企业研发伙伴关系的调整以满足不断变化的目标，并进而确保未来的绩效和竞争力的问题，仍显得研究不足（Bernal 等人，2022）。

一方面，受公司规模和资金限制，许多企业难以独立开发和积累所有必需的知识。因此，这些企业倾向于寻求外部知识来源的帮助，希望通过国内外其他企业或机构的知识溢出获得利益。这种合作不仅具有吸引力，而且通过研发合作产生的显性和隐性信息流，有助于增加企业的知识储备（Ali 等人，2018；Bernstein 和 Nadiri，1988；贾菲，1986；Li 和 Bosworth，2020；Wardley 和 Griliches，1995；赵等人，2019）。换言之，知识溢出的增多增强了企业与外部组织，特别是高校和科研机构之间的知识交融性，从而更有可能促进企业的创新活动。这里需要明确的是，外部知识的流动和溢出是两个不同的概念。知识溢出特指组织产生的部分知识超出其边界，并被其他组织非自愿使用的现象（Arrow，1962；Math，2016）。企业通过外部研发合作，能够有效利用这些溢出的知识，从而推动自身的创新。

另一方面，非自愿的知识溢出，尤其是创新知识的泄漏和流出，可能对企业的研发合作产生阻碍作用（Cassiman 和 Veugelers，2002）。虽然外部知识的溢出可以降低企业的创新成本，同时也增加了知识流失的风险，这可能会降低企业创新者的积极性（Bernstein 和 Nadiri，1989）。知识溢出具有"模仿效应""竞争效应""示范效应"和"协作效应"，竞争对手可能通过窥探、模仿和引进人才等方式获取溢出的创新知识，从而损害创新者的利益（杜伟，2011）。杨玉秀（2008）也指出，知识溢出可能在一定程度上打击合作方的积极性，进而阻碍合作的实现。这表明，知识溢出效应在某种程度上掩盖了企业创新的激励机制，未能充分发挥企业研发活动的效益，从而降低了企业投入创新的积极性。因此，知识溢出对企业创新行为的影响是不确定的，可能表现为积极的激励作用，也可能产生消极的影响（Stolpe，2002）。Mukoyama（2003）认为，这两种效应的存在与否取决于学者对企业间知识溢出形式的不同理解。

知识溢出对创新绩效的影响并非固定不变，而是受到多种因素的影响，包括行业、公司规模以及溢出知识的性质等。因此，为了更准确地理解知识溢出与企业创新绩效之间的关系，需要进行更为细致和深入的实证研究。

2. 吸收能力对知识溢出效应的影响研究

在探讨知识溢出对企业创新绩效的影响时，一个不可忽视的因素是企业的吸收能力。然而，关于吸收能力是否以及如何影响知识溢出效应，学术界存在诸多争议。这些争议主要源于知识溢出效应的难以量化和吸收能力概念的复杂性。

首先，关于知识溢出效应的量化一直是一个棘手问题。由于知识溢出的非排他性和难以观测性，如何准确衡量其对企业创新绩效的影响成为了一个难题。尽管学者们提出了各种方法来尝试量化知识溢出，如专利引用次数、研发投入产出比等，但这些方法都有其局限性，难以全面反映知识溢出的真实效应。因此，关于知识溢出是否以及如何影响企业创新绩效，目前尚未得出一致的结论。

其次，吸收能力作为关键概念，在知识溢出与企业创新绩效的关系中扮演着重要角色。吸收能力是指企业识别、吸收、整合和应用外部新知识的能力。根据Cohen 和 Levinthal（1989，1990）的经典定义，吸收能力是企业将外部知识内部化并转化为自身创新能力的关键过程。关于吸收能力如何影响知识溢出效应，学者们存在不同的观点。

一方面，一些学者认为吸收能力对知识溢出效应具有显著影响。他们认为，只有具备较强吸收能力的企业才能有效地利用外部知识溢出，从而提高自身的创新绩效。例如，Ali 等人（2018）和 Ortenzi 等人（2013）的研究表明，吸收能力是企业技术创新能力的重要组成部分，对企业创新绩效具有积极影响。他们发现，吸收能力强的企业能够更好地识别、评估和吸收外部知识，从而将其转化为自身的创新能力。

另一方面，也有学者认为吸收能力对知识溢出效应的影响并不明显或不存在。他们认为，即使企业的吸收能力较弱，知识溢出仍然可以对企业的创新绩效产生积极影响。例如，Xu 等人（2019）的研究发现，知识溢出对企业创新绩效的影响并不完全取决于企业的吸收能力。他们发现，即使对于吸收能力较低的企业，知识溢出也会对创新绩效产生积极影响。此外，Granstrand 和 Sjölander（1990）以及 Kafouros 等人（2008）的研究也支持了这一观点。他们认为，无论企业的吸收能力如何，知识溢出都可以产生新的想法和技术，从而为企业带来创新机会。

这些争议的存在表明，我们需要进一步深入研究吸收能力对知识溢出效应的影响。未来的研究可以从以下几个方面展开：首先，开发更加有效的知识溢出量化方法，以更准确地衡量其对企业创新绩效的影响；其次，探讨吸收能力的具体构成和影响因素，以明确其在知识溢出与企业创新绩效关系中的作用；最后，结合不同行业、不同企业的实际情况，开展实证研究，以揭示吸收能力对知识溢出效应的影响机制和条件。

关于吸收能力是否以及如何影响知识溢出效应的问题，目前学术界仍存在争议。未来的研究需要更加深入地探讨这一问题，以为企业制定有效的创新战略和政策提供理论支持。同时，企业也应重视自身吸收能力的培养和提升，以更好地利用外部知识溢出，推动自身的创新发展。

3. 企业内部能力对企业创新绩效的影响研究

在当前的学术研究中，虽然外部因素对企业创新绩效的影响已进行了广泛探讨，但对于企业内部能力的影响研究仍显不足。Parida 等人（2012）、Yam 等人（2011）以及 Yi 等人（2017）均指出，当前研究在探讨企业创新绩效时，往往过分聚焦于外部环境因素，而对企业内部能力的重视不足。企业内部能力作为推动创新的关键因素，其重要性不容忽视。

创新是企业持续发展的核心动力，而新知识和能力的获取与组合则是实现创新的重要前提。Grant 和 Baden-fuller（2004）、M. H. Zack（1999）以及 Qandah 等人（2020）均强调，获得新的知识和能力，或新知识和能力的新组合，是企业生产新产品或新服务的先决条件。在这一过程中，企业的吸收能力发挥着至关重要的作用。Cohen（1988）曾指出："吸收能力是公司创造新事物能力的重要组成部分。"这意味着吸收能力不仅影响企业的创新能力，还直接关系企业能否持续获得竞争优势。

外部知识的选择和吸收在很大程度上取决于企业的知识存量（Cohen 和 Levinthal，1990）。因此，内部研发能力对创新绩效的影响不容忽视。Berchicci（2013）的研究表明，内部研发能力与创新绩效之间存在显著的相关性。内部研发能力不仅有助于企业积累专有知识和技术，还能提升其对外部知识的吸收和应用能力。通过内部研发，企业可以不断开发新技术、新产品和新服务，从而推动创新绩效的提升。

然而，以往的研究往往忽视了内部能力在推动创新绩效中的重要性。Parida 等人（2012）认为，组织学习能力、吸收能力和技术能力等内部能力对于企业有效获取和利用外部知识至关重要。这些内部能力可以帮助企业更好地识别和利用外部知识资源，从而提高创新绩效。此外，Yam 等人（2011）也强调，人力资本、研发投入和战略导向等内部因素是创新绩效的重要决定因素。这些因素可以增强企业吸收和利用外部知识的能力，进而提升创新绩效。

Yi 等人（2017）进一步强调了内部资源和能力在使企业能够利用外部知识来源进行创新方面的重要性。他们认为，拥有强大内部能力的企业能够更好地识别和利用创新机会，从而取得更高的创新绩效。内部资源和能力不仅有助于企业从外部环境中获取有价值的知识和信息，还能促进企业内部的知识共享和转移，从而加速创新的产生和实施。

虽然外部因素对企业创新绩效具有重要影响，但更应关注企业的内部能力。未来的研究应进一步深入探讨企业内部能力如何影响创新绩效，并为企业如何通过培养和提升内部能力来增强创新绩效提供实践指导。此外，企业也应重视内部能力的培养和提升，通过加强组织学习、研发投入和战略导向等内部因素，增强自身吸收和应用外部知识的能力，从而推动创新绩效的不断提升。

同时，企业也应认识到内部能力并非孤立存在，而是与外部环境相互作用、共同影响创新绩效。因此，在制定创新战略时，企业应综合考虑内部能力和外部环境因素，实现内外部资源的有效整合和利用。此外，企业还应注重内部能力的培养和提升，通过不断学习和创新，增强自身的核心竞争力，实现持续发展和创新。

4. 吸收能力在知识溢出与创新绩效之间的中介与调节效应探讨

随着知识经济的兴起，吸收能力在知识溢出与创新绩效之间的关系逐渐成为学术研究的热点。然而，关于吸收能力在此关系中所扮演的具体角色，即中介效应还是调节效应，学界尚未达成共识。这一争议的存在对于深入理解知识溢出、吸收能力与创新绩效之间的复杂关系具有重要的理论和实践意义。

首先，我们需要明确吸收能力、知识溢出与创新绩效三者之间的基本关系。

吸收能力是指企业识别、吸收和应用新知识的能力，是创新过程中的关键环节。知识溢出则是指知识在不同主体之间的非自愿转移，是创新的重要来源。创新绩效反映了企业通过创新活动所取得的经济效益和社会效益。大量研究表明，吸收能力对知识溢出与创新绩效之间的关系具有重要影响。

关于吸收能力在知识溢出与创新绩效之间所扮演的具体角色，学界存在不同的观点。一方面，有学者认为吸收能力在知识溢出与创新绩效之间起到中介作用。这一观点认为，知识溢出并不能直接转化为创新绩效，而是需要通过企业的吸收能力进行转化。换言之，吸收能力在这一过程中起到了桥梁和纽带的作用。例如，Cassol等人（2016）通过定性和定量研究验证了吸收能力与知识资本和创新潜力之间的中介关系。Aliasghar等人（2019）也提出吸收能力在外部合作伙伴搜索与流程创新之间的关系中起中介作用。

另一方面，也有学者认为吸收能力在知识溢出与创新绩效之间起到调节作用。这一观点认为，吸收能力并不是简单地将知识溢出转化为创新绩效，而是通过对知识溢出的调节来影响创新绩效。例如，Healthcare（2016）认为组织吸收能力是影响创新成功的调节因素之一。Engelen等人（2014）发现吸引力在创业导向和绩效之间起调节作用。Duan等人（2021）通过研究提出，吸收能力在高新技术企业与创新绩效之间起到调节作用。

这些不同的观点可能是由于研究背景、研究方法和研究样本的差异所导致的。但无论如何，吸收能力在知识溢出与创新绩效之间的关系中扮演着重要的角色这一点是无可争议的。未来的研究需要进一步深入探讨吸收能力在知识溢出与创新绩效之间的具体作用机制，以及不同情境下吸收能力的动态变化对创新绩效的影响。

值得注意的是，吸收能力并不是孤立存在的，而是与企业的其他能力相互作用、共同影响创新绩效。因此，未来的研究还需要综合考虑企业的其他能力因素，如创新能力、学习能力等，以更全面地揭示吸收能力在知识溢出与创新绩效之间的关系。

综上所述，吸收能力在知识溢出与创新绩效之间的关系是一个复杂而重要的问题。虽然学界对此存在不同的观点，但吸收能力在这一关系中的重要作用是毋庸置疑的。

（二）研究目标

本文选取重庆高新技术产业园的企业为案例样本，深入探讨了高校知识溢出对高新技术企业创新绩效的影响机制，主要目的在于验证高校知识溢出是否能有效促进企业，尤其是高新技术企业的创新能力提升。研究目标如下。

首先，本研究旨在明确高校知识溢出（包括显性知识溢出和隐性知识溢出）与企业创新绩效之间的关联。通过实证分析，试图揭示高校知识溢出如何作用于企业的创新活动，以及这种作用在不同类型高新技术企业中的差异性。

其次，探讨高校知识溢出与吸收能力（潜在吸收能力和现实吸收能力）之间的关系。吸收能力作为企业内化和应用外部知识的重要机制，对于理解高校知识溢出如何转化为企业创新绩效至关重要。

再次，研究吸收能力（潜在吸收能力和现实吸收能力）与企业创新绩效之间的关联。通过构建理论模型并进行实证分析，揭示吸收能力在企业创新过程中的作用路径和效果。

最后，探讨吸收能力在高校知识溢出与企业创新绩效关系中的中介效应。这一研究旨在揭示吸收能力在高校知识溢出转化为企业创新绩效过程中的桥梁作用，以及这种中介效应在不同类型和不同发展阶段的高新技术企业中的表现。

综上所述，本研究旨在通过深入的理论分析和实证检验，全面揭示高校知识溢出、吸收能力和企业创新绩效之间的复杂关系，为高新技术企业的创新实践提供理论支持和决策依据。

三、研究意义

（一）现实意义的探究

随着新知识经济的崛起，企业在全球经济体系中的角色发生了显著变化。企业不再仅仅作为产品和服务的提供者，而是逐渐转型为知识的创造、整合及保护的核心组织。在这一转型过程中，高新技术企业扮演着尤为关键的角色。这些企业不仅需应对全球化、技术革新和市场变革等多重挑战，更需有效吸收和利用外部知识资源以维持和提升其竞争力。因此，深入探索高校知识溢出、吸收能力与高新技术企业创新绩效之间的关系，不仅具有理论价值，更具备重要的现实意义。

首先，对于政府而言，本研究为制定促进高新技术企业发展的政策提供了实践范例。高新技术企业是国家经济发展和创新驱动的核心力量，其创新能力和绩效的提升直接关系整个经济体系的转型升级和综合竞争力的增强。通过实证分析高校的显性和隐性知识溢出、吸收能力以及企业内部与外部的知识共享机制，本研究揭示了影响高新技术企业创新绩效的关键因素。为政府制定针对性政策提供了重要依据，使得政策不仅关注企业的数量和规模扩张，更聚焦于激发企业的内生动力，强化科技创新能力。例如，政府可以通过优化高等教育与产业界的合作机制，促进知识溢出；同时，加强知识产权保护，激发企业创新活力。这些措施有助于实现由数量驱动向质量驱动的转变，推动高新技术企业实现可持续发展。

其次，对于高新技术企业而言，本研究为其增强创新能力提供了实践支撑。在复杂多变的市场环境和外部竞争下，高新技术企业需要与外界环境保持紧密的互动和适应性。本研究从吸收能力的视角出发，深入探讨了如何有效提升高新技术企业的创新能力和绩效。研究发现，强化吸收能力对于整合内外部资源，形成独特竞争优势具有关键作用。这要求企业在加大创新投入的同时，更应关注内部技术创新与外部知识吸收和成果转化的全方位培育。例如，企业可以通过建立与高校、研究机构的紧密合作关系，促进知识流动和技术转移；同时，加强内部培训和学习机制，提升员工的知识水平和创新能力。这些措施有助于企业实现高质量、可持续的发展，并在激烈的市场竞争中脱颖而出。

此外，本研究还为高新技术企业提升创新产出绩效提供了新思路。在当前的商业环境中，通过"知识溢出"战略实现外部合作与内部制度的有机结合已成为企业保持竞争优势的重要途径。然而，许多高新技术企业在实际操作中往往过于注重显性知识的吸收而忽视了隐性知识的重要性。本研究不仅分析了不同类型的知识溢出对企业创新绩效的影响，还探讨了企业与高校如何建立更加紧密的网络协同工作机制以加速技术转移和知识共享。这些发现为企业提高创新产出的绩效和质量提供了新的思路和参考。例如，企业可以通过加强与高校和研究机构的深度合作，共同开展研发项目和技术创新活动；同时，建立有效的知识共享机制，促进隐性知识的传递和应用。这些措施有助于提升企业的创新能力和绩效水平，实现创新产出的最大化。

研究高校知识溢出、吸收能力与高新技术企业创新绩效之间的关系不仅具有理论价值，更具备深远的现实意义。它不仅为企业在快速变化的商业环境中增强创新能力、保持竞争力提供了有价值的见解，还为政府制定相关政策提供了实践范例和理论指导。通过深入了解如何有效利用高校知识资源，企业可以开发出更具创新性和实用性的产品和服务，从而在激烈的市场竞争中脱颖而出。同时，政府也可以更加精准地制定政策，推动高新技术企业实现高质量发展，为整个经济体系的转型升级和综合竞争力的提升做出重要贡献。

（二）理论意义的探究

本研究以企业创新绩效为核心议题，致力于深入探讨高校知识溢出、吸收能力与高新技术企业创新绩效之间的复杂关系。通过系统回顾和梳理创新绩效的相关文献，本研究对创新绩效的概念框架进行了界定和澄清，进一步深化了对创新绩效内涵的理解。在此基础上，本研究构建了高校知识溢出与高新技术企业创新绩效之间关系的理论模型，并通过实证方法进行了细致的检验。同时，本研究还深入探讨了吸收能力在高校知识溢出和企业创新绩效之间的中介作用,从而揭示了这一复杂关系的内在机制。

本研究的理论意义主要体现在以下几个方面。

首先,对于创新绩效理论的补充与深化,本研究具有重要意义。创新绩效作为衡量企业创新能力和成果的重要指标,一直是学术界和实业界关注的焦点。本研究引入开放式创新理论、吸收能力理论,对创新绩效的概念和特征进行了系统的分析和补充。通过深入研究创新绩效的内涵,本研究进一步完善了创新绩效影响因素的研究,对现有创新绩效的内容研究进行了丰富和深化。这不仅有助于深化对创新绩效的理解,也为后续研究提供了新的理论视角和研究思路。

其次,本研究在明晰高校知识溢出与创新绩效关系方面取得了重要进展。高校作为知识创新和传播的重要源头,其知识溢出对企业创新绩效的影响不容忽视。本研究将高校知识溢出分为显性知识溢出和隐性知识溢出两个维度,并从非线性的角度分析了不同维度的高校知识溢出与创新绩效之间的关系机理。通过实证研究,本研究进一步明确了高校知识溢出对企业创新绩效的影响路径,为知识溢出理论的研究提供了新的视角。这一研究不仅有助于揭示高校知识溢出与企业创新绩效之间的复杂关系,也为高校和企业之间的合作提供了理论支持和实践指导。

最后,本研究在探索吸收能力与企业创新绩效关系方面取得了重要突破。吸收能力作为企业内部的一种重要能力,对于企业创新绩效的提升具有关键作用。本研究将吸收能力分为实际吸收能力和潜在吸收能力两个维度,深入探讨了不同维度的吸收能力如何影响与作用于企业创新绩效的关系机理。同时,本研究还分析了吸收能力在高校知识溢出与企业创新绩效之间的中介作用,扩展了创新绩效的前因变量研究,丰富了吸收能力和知识管理能力的研究内容。这一研究不仅有助于深化对吸收能力与企业创新绩效关系的理解,也为提升企业的吸收能力和创新绩效提供了理论支持和实践指导。

本研究通过深入探究企业的知识溢出、吸收能力和创新绩效之间的关系,不仅有助于理解外部知识来源、内部能力和创新成果之间的复杂关系,而且为知识管理、创新和组织学习等领域的现有理论框架提供了重要补充和完善。同时,本研究还为企业在知识经济背景下的创新发展提供了理论支持和策略指导。未来研究可以进一步拓展本研究的范围和方法,深入探讨不同行业、不同规模企业的知识溢出、吸收能力和创新绩效之间的关系,以及不同环境因素对企业创新绩效的影响。这将有助于更全面地理解企业创新的复杂机制,为企业创新发展提供更为精准的理论指导和实践支持。

四、研究范围

本研究聚焦于位于重庆的高新技术企业,以这些企业作为研究主体进行深入探讨。

在重庆的经济发展中,高新技术产业的发展尤为引人注目。目前,重庆辖内有四个经国务院批复的国家级高新技术产业开发区,分别是重庆高新技术产业开发区、璧山高新技术产业开发区、永川高新技术产业开发区和荣昌高新技术产业开发区。这些高新区不仅是国家综合改革开放的先行示范区,更是重庆发展高新技术产业、优化提升传统产业的关键基地。这些高新区的建设和发展,不仅推动了重庆的经济发展,也为高校与企业的合作提供了广阔的平台。

重庆四个国家高新区的基本情况如表1.1所示。

◆ 表1.1 重庆四个国家高新区基本情况

名称	成立时间/年	面积/km²	主导产业	企业数量/个
重庆高新技术产业开发区	2016	74.3	集成电路、智能终端、先进传感器、工业互联网、人工智能	1058
永川高新技术产业开发区	2018	33.46	汽车及零部件制造、智能装备、电子信息、新材料、大数据、软件和信息技术	1125
璧山高新技术产业开发区	2015	20.6	智能装备制造、信息技术、生命健康产业、互联网+	1356
荣昌高新技术产业开发区	2016	28.88	智能装备制造、食品医药、轻工陶瓷、农牧高新技术	623

注:数据截至2022年12月。

以重庆高新技术产业开发区为例,该区在2021年取得了显著的成绩。同年,该区成功引进了474个重大科技产业项目,总投资额达到2604亿元,工业总产值预计将达到万亿级。这一数字不仅展示了重庆高新技术产业的蓬勃发展,也反映了该区在吸引科技产业投资方面的强大吸引力。此外,该区还启动了37个高校与央企的科技创新合作项目,并有北京大学重庆大数据研究院等14个合作项目成功落地运行。这些合作项目的成功实施,不仅推动了高校与企业的深度融合,也为区域经济的发展注入了新的活力。

同年,重庆高新技术产业开发区的高新技术企业和科技型企业的数量也实现了快速增长。高新技术企业的数量达到240家,科技型企业的数量更是达到了1152家,相比上一年分别增长了23%和49%。这一增长趋势不仅表明了重庆高新技术产业的强劲发展势头,也为本研究提供了丰富的研究样本和数据支持。

因此,选择重庆国家高新区作为研究对象,对于探讨企业创新绩效和创新指数具有代表性。这些高新区不仅集聚了大量的高新技术企业和科技型企业,而且拥有完善的创新体系和丰富的创新资源。这些资源和条件为高校与企业的合作提供了良好的环境和平台,也为本研究提供了深入探究企业创新绩效和创新指数的坚实基础。

高校与高新区的合作是一个以创新为核心的科研成果产业化过程。在这个过程中,高新区为高校科研成果的转化提供了实践平台,加速了创新成果的产业化步伐。同时,高校则为高新区提供了知识、智力等宝贵的创新资源。这种合作模式不仅推动了高校与企业的深度融合,也促进了科研成果的转化和应用。在这个合作过程中,高校发挥着不可替代的作用。它们不仅创造新知识、孵化高新技术初创企业、转移高新技术,还为高新区提供智力支持,成为高新区创新体系的重要组成部分。

在重庆的四个国家高新区中,高校根据园区主导产业的需求,对现有重点实验室、工程技术中心等实验基地进行了改造、优化、建设和管理。这些措施为高校知识溢出提供了坚实的保障。例如,重庆高新技术产业开发区汇集了72家国家级、市级研发机构和11家区级研发机构,覆盖了6所高校和58家企业。这些研发机构和高校的合作,不仅推动了科研成果的转化和应用,也为本研究探讨大学知识溢出对企业创新绩效的影响提供了丰富而扎实的研究基础。

本研究聚焦于重庆的高新技术企业,以这些企业作为研究主体,深入探讨高校与高新区的合作模式及其对企业创新绩效的影响。这一研究不仅具有重要的理论价值,也具有重要的实践意义。通过深入研究这一领域,我们有望为推动高校与企业的深度合作、促进科研成果的转化和应用、提升企业创新绩效等方面提供有益的思路和建议。同时,这一研究也有助于丰富和发展创新理论和实践,为未来的研究提供有益的参考和借鉴。

五、概念界定

(一)大学知识溢出

大学知识溢出是一个复杂且多维度的过程,涉及知识从大学这一知识生产的源头,向社会的其他组织和机构扩散和共享。Harris(2001)曾提出,大学知识溢出指的是"企业从大学创造的知识中获得的外部性价值"。然而,这一定义虽然在一定程度上捕捉到了大学知识溢出的核心,但未能全面揭示其深层机制和动态过程。

大学知识溢出不仅涉及知识的传递和扩散,更重要的是,它促进了知识的共享和创新,推动了社会整体的知识水平和创新能力的提升。在这一过程中,原本局限于大学内部的知识得以突破组织的边界，被更广泛的社会组织和个体所利用和应用，从而实现知识的社会价值和经济效益。

因此，本研究认为大学知识溢出是一个动态、互动和持续的过程，而不仅仅是一个结果或静态现象。在这一过程中，大学作为知识的主要生产者和储存库，通过多种渠道和方式，如科研合作、人才流动、学术交流等，将其所创造和积累的知识传递给其他社会组织和机构。这种传递并非单向的，而是一个双向互动的过程，其中知识的接收者也会根据自己的需求和能力对知识进行再加工和创新。

（二）吸收能力

吸收能力这一概念最初由 Kedia 和 Bhagat 在 1988 年的国际技术转移研究中提出。随后，Cohen 和 Levinthal 于 1990 年正式引入了吸收能力的概念，并强调了先验知识作为关键前因的重要性。他们将其定义为"组织吸收、综合和转移外部产生的信息和知识的能力"，同时指出，这种能力包括吸收、评价和利用外部知识。

Zahra 和 George 在 2002 年进一步丰富了这一理论框架，将知识吸收能力的发展视为一个从潜在知识到实际吸收和认知知识的连续过程。他们特别强调了从外部获取知识的重要性，并将其视为地区或企业有效获取外部资源、根据自身优势进行消化、吸收和资源整合的关键因素。泛化与应用在这一过程中被看作是学习和信息利用不可或缺的组成部分。

在本研究中，我们采纳了 Zahra 和 George 对吸收能力的定义，即"企业在整合自身条件的基础上，认识、吸收和运用外部知识，并结合内部信息，实现商业化和创新的能力和过程"。这一定义不仅重新界定了吸收能力的前提、维度和结果，而且为我们提供了一个全面而深入的理解框架，有助于我们深入探究吸收能力在知识转移和创新过程中的重要作用。

（三）企业创新绩效

Hagedoorn 和 Clodt（2003）对创新绩效的定义进行了深入探讨，从狭义和广义两个维度进行了阐述。狭义上，创新绩效聚焦于企业所创造的新产品成功市场化的程度。而广义上，创新绩效则涵盖了企业在创新产品上的投资与研发活动，以及在整个市场环境中企业在发明、技术和创新方面的整体表现。学者们普遍认为，创新绩效不仅涉及创新的效率和结果，还涉及创新产出绩效和创新过程绩效两个方面。

创新过程绩效反映了企业在实施创新活动时的内部运作质量，这往往体现在企业的创新管理体系、流程优化以及资源配置等方面。而创新产出绩效则直接关联到创新成果所带来的社会效益和经济效益，这些效益最终在企业的生产和产出过程中得到体现。

本研究对企业创新绩效的定义进一步细化和深化。我们认为，创新绩效是企业通过高效利用内外部资源，持续开展创新行为和创新活动，从而实现技术效益和经济效益的同步提升，最终推动企业实现可持续增长的综合水平。在这一过程中，社会绩效虽然重要，但不属于企业内部绩效的直接范畴。同时，技术效益在企业持续创新的过程中，会逐渐转化为经济效益，为企业的长期发展奠定坚实基础。

第二章 研究现状

一、发展现状

自党的十八大提出创新驱动发展战略以来,我国已步入一个以科技创新为核心的全面创新阶段。这一战略的实施,不仅标志着国家对创新的高度重视,也反映了在全球经济竞争日趋激烈的背景下,我国寻求经济持续健康发展的坚定决心。创新驱动发展战略的核心在于整合与共享创新资源,增强企业的创新能力,并促进创新成果的转化与产业化。这意味着,创新不再是一个孤立的过程,而是需要全社会的共同参与和努力。

高新技术企业,作为知识密集、技术领先、产品高附加值的经济实体,在这一战略中扮演着举足轻重的角色。它们不仅是创新与经济发展的桥梁和纽带,更是提升自主创新能力的关键载体和实施创新驱动发展战略的核心力量。高新技术企业的发展状况,直接关系到我国经济的未来走向和国际竞争力。因此,加速高新技术企业的发展,对于加速科技成果转化、推动经济向高质量增长方式转变具有重大意义(A. Yu等人,2021)。

(一)企业创新的质量及其影响因素的研究

近年来,随着创新驱动发展战略的深入实施,学术界对企业创新质量及其影响因素的探讨日益深入。创新质量不再仅仅是一个概念,而是被赋予了更为丰富的内涵和更高的期望。

Haner(2002)首次系统地提出了创新质量的概念,为后续研究奠定了理论基础。他强调创新质量是创新过程、产出以及社会经济各领域创新绩效的综合体现,是一种动态的质量反应,涵盖了所有创新成果的质量。这一概念不仅涵盖了技术创新的各个方面,还强调了创新在社会经济领域的广泛影响。

在此基础上,Lahiri(2010)和Singh(2008)进一步指出,创新质量是创新产出的直接结果。他们认为,高质量的创新不仅能够带来技术上的突破,还能够为企业带来显著的经济效益和市场竞争力。因此,提升创新质量是企业实现可持续发展的重要保障。

同时，Ng（2009）和 Palm 等人（2016）则强调创新质量在于持续为客户提供卓越的新价值。他们认为，创新不仅仅是技术的突破和进步，更要满足客户的需求和期望，为客户创造新的价值。因此，企业在创新过程中应始终坚持以市场为导向，紧密关注客户需求的变化，不断提升产品和服务的质量和水平。

然而，要实现高质量的创新并非易事。学者们普遍认为，企业从外部获取的新技术知识与创新质量密切相关（Thornhill，2006；Millson 和 Murray，2013；李永洲等人，2018）。若企业研发的产品技术过时或不符合市场未来发展趋势，即便有大量的专利申请，也难以实现创新成果的商业化和新产品在市场上的盈利。因此，企业在创新过程中需要密切关注外部环境的变化和技术发展的趋势，及时获取和整合外部新知识，以提升创新质量。

此外，随着企业外部竞争环境的日益动态化和技术知识的快速变化，企业还需要避免陷入"能力陷阱"和"创新者困境"（Nerkar，2003；Swift，2016）。这意味着企业不能仅仅依靠内部资源进行创新，而应该采取开放式创新的策略，积极寻求外部合作和交流。通过整合和消化外部的异质新知识，企业可以扩展和更新自身的知识库，克服自身局限，跟踪外部的先进技术，从而灵活应对技术创新过程中的高复杂性、高风险和高成本问题（Enkel 等人，2009；Huizingh，2011）。

在快速变化的背景下，企业创新实践中需要大量的异质知识"碰撞"，以产生新的思想和知识。高校作为知识创新和人才培养的重要基地，通过教学、科研和培训等方式为社会形成了强大的"知识库"（Giuliani 和 Arza，2009），为企业提供了宝贵的智力支持。因此，大学知识溢出成为了企业获取这些异质知识要素的重要途径之一（Laursen 和 Salter，2014）。通过大学知识溢出，企业可以寻求到异质知识要素，实现高质量信息和隐性知识的快速转移（Gay，2014），从而在研发过程中整合先进技术知识，创造技术与知识的新组合，实现突破性创新和渐进式创新，提高企业的创新效率和核心竞争力（Leiponen 和 Helfat，2010；Haibenlu 等人，2020），进而提升创新质量。

创新质量不仅关乎企业的生存和发展，更关系整个国家的经济繁荣和国际地位。在创新驱动发展战略的指引下，我们需要深入研究和探讨影响创新质量的各种因素，为企业的创新发展提供有力的理论支撑和实践指导。同时，我们也需要充分认识到高校在知识创新和人才培养方面的重要作用，加强企业与高校之间的合作和交流，共同推动我国的创新事业不断向前发展。

（二）吸收能力对企业创新的影响研究

在创新研究领域，吸收能力已成为解释企业如何利用外部知识资源提升自身创新能力的核心概念。当前，学术界的共识是，企业获取异质性知识与大学的知识溢出之间存在紧密的关联（Cohen和Levinthal，1990；Stock等人，2001）。然而，这种关联并不意味着所有企业都能从中受益。事实上，真正能够从外部知识中汲取养分并实现高质量创新的企业，关键在于它们自身所具备的吸收能力（Enkel和Gassmann，2010）。

吸收能力是一个多维度的概念，它涵盖了企业识别、获取、消化、转化和应用新知识的一系列过程。这些过程不仅相互关联，而且共同构成了企业创新能力的核心。具体而言，企业首先需要具备识别并获取外部知识的能力。这种能力使企业能够准确地识别出对其创新活动有价值的知识，并通过适当的渠道和机制将这些知识引入企业内部。这一过程不仅拓宽了企业技术搜索的广度与深度，加强了知识间的潜在联系，而且为后续的知识消化和转化奠定了基础（Enkel和Gassmann，2010）。

当企业成功获取外部知识后，接下来的挑战是如何有效地消化和吸收这些新知识。知识的消化能力是指企业将新的技术知识与自身的技术和知识库进行融合的能力。通过这一过程，企业能够将这些新知识转化为自身可以理解和使用的形式，并将其纳入自身的知识体系中。这种融合不仅加快了解决创新问题的步伐，而且避免了重复搜索造成的资源浪费（Jin等人，2016）。同时，它还有助于企业建立更加完善和丰富的知识库，为未来的创新活动提供有力的支撑。

在知识消化的基础上，企业还需要具备将这些知识转化为实际应用的能力。知识的转化和应用是创新过程中至关重要的环节。通过这一过程，企业能够将不同来源的知识进行异构整合，形成新的知识体系，并创造出具有独特性和难以复制性的专有技术（Sarkees等人，2014；Zobel和Ann Kristin，2017）。这种转化不仅产生了新的思想和观点，还重构了企业对外部环境变化的认知，为企业发掘新的市场机会提供了可能（Tamayo Torres等人，2011；吴晓波等人，2019）。因此，知识的转化和应用能力对于推动企业创新质量的提升具有至关重要的作用。

值得一提的是，吸收能力不仅影响企业创新的效率，更决定了企业创新的质量和方向。一个具备强大吸收能力的企业，不仅能够快速地从外部知识中汲取养分，而且能够将这些知识有效地转化为自身的创新能力和竞争优势。这种转化过程不仅加速了企业创新的步伐，而且提高了创新活动的质量和成功率。因此，在当前的创新驱动发展战略下，提升企业的吸收能力已成为推动高新技术企业创新质量提升的关键因素之一（Zahra和George，2002；吴晓波和傅亚楠，2019）。

吸收能力在企业创新过程中发挥着至关重要的作用。它不仅涵盖了企业识别、获取、消化、转化和应用新知识的一系列过程，而且决定了企业能否从外部知识中汲取养分并实现高质量创新。因此，未来的研究应进一步深入探讨如何提升企业的吸收能力，以及如何将这种能力转化为实际的创新成果和竞争优势。同时，政策制定者和企业家也应充分认识到吸收能力在推动企业创新过程中的重要性，并采取有效的措施加以培养和提升。

（三）大学知识溢出对企业创新影响的研究

随着知识经济的快速发展，大学作为知识创新和产出的重要源头，其知识溢出对企业创新的影响日益显著。深入探讨这一议题，不仅有助于理解企业如何有效利用外部知识资源，更能为企业的创新发展提供理论支撑和实践指导。

首先，企业需要明确的是，大学知识溢出并非简单的知识转移，而是一个复杂的知识内化与整合过程。这一过程要求企业不仅要有强大的吸收能力，还需要具备一套完善的知识管理体系和创新机制。吸收能力作为这一过程中的核心要素，它涉及企业识别、评估、消化和应用外部知识的能力。当企业具备了较高的吸收能力时，它们能够更为准确地捕捉到大学研究成果中的价值，从而将其转化为自身的竞争优势（Cohen和Levinthal，1990）。

进一步地，吸收能力不仅能够帮助企业降低技术搜索过程中的潜在威胁和风险，还能够加速企业实现高质量的创新输出。具体而言，具备较高吸收能力的企业，往往能够更快地识别技术边界之外的高质量知识要素，从而为其创新活动提供源源不断的动力。这些要素可能来自大学的基础研究、应用研究或是产学研合作项目。通过与大学紧密合作，企业不仅能够获得前沿的科研成果，还能够与科研团队共同开展研发活动，实现技术的突破和创新。这种合作模式不仅提高了企业的创新效率，还为企业带来了持续的核心竞争优势（Huang和Rice，2009）。

值得注意的是，不同企业在面对外部异质性知识的转化和应用时，往往表现出显著的异质性。这种异质性主要源于企业自身的吸收能力、知识管理体系以及创新机制等因素的差异。因此，企业在研发投入的过程中，不仅需要关注技术创新本身，还需要培养和提升自身的吸收能力，以确保能够充分利用外部技术知识，实现高质量的创新产出。具体而言，企业可以通过加强与大学的合作、建立完善的知识管理体系、优化创新机制等途径来提升自身的吸收能力。这些措施不仅有助于企业更好地吸收和整合外部知识资源，还能够为企业的创新发展提供有力的支撑和保障（Giuliani和Bell，2005）。

企业在提升吸收能力的过程中，还需要关注知识溢出效应的多样性和复杂性。大学知识溢出不仅包括显性知识的传递，还涉及隐性知识的共享和转化。因此，企业需要建立一套完善的知识转移和共享机制，以促进隐性知识的有效传递和转化。可以通过加强企业与大学之间的人员交流、建立产学研合作平台、开展联合研发活动等方式实现。通过这些措施，企业不仅能够更好地吸收和整合大学的知识资源，还能够与大学形成紧密的合作关系，共同推动创新发展。

综上所述，大学知识溢出对企业创新的影响是一个复杂而重要的问题。企业需要具备强大的吸收能力和完善的知识管理体系来充分利用这些溢出知识资源。同时，企业还需要加强与大学的合作、优化创新机制、建立完善的知识转移和共享机制等措施来提升自身的创新能力和竞争优势。只有这样，企业才能在日益激烈的市场竞争中脱颖而出，实现持续的创新与发展。

二、理论基础

（一）内生增长理论

在现代经济学的广阔领域中，内生增长理论已经独树一帜，成为理解经济增长动力机制的关键框架。这一理论不仅深化了对经济增长动力机制的认识，更强调了知识创造和技术进步在推动经济体系发展中的核心作用。为了更全面地理解知识转移与企业创新绩效之间的关联，我们将深入探讨与内生增长紧密相关的概念及其背后的经济学原理。

1. 内生增长理论的发展及核心观点

熊彼特在1939年提出，新思想的产生并非单一组织的孤立行为，而是通过相互关联和互补的网络产生的连锁反应。这一观点为后来的内生增长理论奠定了坚实的基础，强调了创新活动的社会性和网络性。随后，舒尔茨从人力资本的视角为传统经济增长理论提供了新的解读。舒尔茨认为，有价值的信息传递是新经济进步的核心驱动力，而人力资本的积累是实现这一目标的关键。这一观点将知识、技能和经验等人力因素纳入经济增长的分析框架，为内生增长理论的发展提供了重要的支撑。

到了20世纪80年代，Lucas和Romer的贡献更是不可忽视。Lucas关于经济增长机制的理论和Romer关于价值增长与长期衰退的理论，共同奠定了内生增长理论的基础。特别是Romer的内生增长理论，它突破了传统的新古典外生增长理论的局限，强调经济增长是由知识驱动的。Romer进一步假设知识是通过研发活动产生的，并受到政府政策、知识产权和教育体系质量等多种因素的影响。他提出，增加对研发活动的投资水平可以显著推动经济增长，而那些在研发上投入更多的国家可能会实现更高的长期经济增长率。

Romer在他的理论中进一步阐述了知识的核心作用。他认为经济的长期增长源于生产者知识的积累，主要体现在技术进步、市场激励下的有意识投资行为和创新使得知识成为可以交易的商品等方面。这一观点突破了新古典增长理论关于边际收益递减的假设，强调知识要素在生产中的收益递增特性。随着知识经济时代的到来，知识的产生、发展和传播本身对经济增长的重要性逐渐显现。与传统的物质资源相比，知识具有无限的可扩展性和可复制性。一旦新的知识被创造出来并广泛应用于生产实践中，就可以带来持续的经济增长和社会进步。此外，知识的应用和传播还促使了知识的不断沉淀和更新。通过知识的共享和交流，人们可以不断地发现新的问题、提出新的解决方案并创造出更多的新知识。这种良性的知识循环不仅推动了经济的持续发展，还为社会进步和创新提供了源源不断的动力。

在知识经济背景下，知识的积累和应用不再受到边际收益递减的限制。相反，随着知识的不断积累和应用，生产效率和经济效益会不断提高，从而实现经济的持续增长。这一观点为理解知识转移与企业创新绩效之间的关联提供了重要的理论基础。知识的流动和转移成为企业获取竞争优势的关键，而企业的创新绩效则直接依赖于其知识管理和创新能力的强弱。

2. 内生增长理论的实证有效性与争议

尽管内生增长理论在学术界受到了广泛的关注和认可，但仍然存在一些争议和批评。一些学者认为，该理论与外生增长模型并无显著差异，并未明确解释为何知识资本应被视为内生的经济因素。此外，关于内生增长理论的实证有效性也存在争议。有观点认为，在现实世界中区分内源性和外源性技术变革十分困难，且该理论尚未提供内源性增长发生机制的具体证据。这些批评和争议提醒我们，在应用内生增长理论时需要保持谨慎和批判性思维，同时也为未来的研究提供了方向和挑战。

内生增长理论为理解经济增长和知识转移提供了重要的视角和框架。在知识经济时代的大背景下，知识的创造、传播和应用已经成为推动经济增长的关键动力。对于企业而言，优化知识管理策略、提高创新能力和竞争优势已经成为其生存和发展的关键。

（二）吸收能力理论

在当前的学术研究中，吸收能力理论已成为一个备受瞩目的领域，它为我们深入理解知识的转化和应用提供了新的视角。特别是在知识经济的背景下，吸收能力更是成为企业竞争力和创新能力的关键因素。本部分将从内生增长理论与吸收能力的关联以及吸收能力概念模型两个方面，对吸收能力理论进行深入探讨。

1. 内生增长理论与吸收能力的关联

近年来，学术界提出了"知识过滤器"的概念，它描述了从研发产生的知识到商业化知识之间的转化障碍。这些障碍可能涉及多个方面，如组织能力、地理位置和政策限制等。例如，地理距离的增加可能会使知识的对话和分享变得更加困难，从而限制了知识的有效传播和应用。

为了打破"知识过滤器"，提高知识的转化和应用效率，吸收能力成为了关键。吸收能力是指企业识别、获取、整合和应用外部新知识的能力。这种能力对于企业在激烈的市场竞争中保持领先地位至关重要。多项研究表明，企业的吸收能力在过滤新信息和想法方面发挥着至关重要的作用。它不仅能够帮助企业识别和获取有价值的外部知识，还能够将这些知识整合到自身的知识体系中，从而实现知识的有效应用和创新。

Cohen（1988）将吸收能力定义为"发现外部新信息价值的能力"，并指出一个组织能够通过外部知识来补充其内部资源和经验的不足。这意味着，吸收能力强的企业能够更好地利用外部知识资源，提高自身的创新能力和竞争力。此外，企业通过研发活动和学习过程收集的信息也可能会潜在地提高其理解、重视和商业化外部新知识的能力。这意味着，企业的吸收能力与其研发活动和学习过程是相互促进、相辅相成的。

知识传播是知识管理和知识创新的重要环节，而吸收能力对知识传播的影响不容忽视。个体和组织吸收知识的能力在很大程度上决定了知识传播的范围和效果。如果个体和组织具有较强的吸收能力，他们能够更好地理解和应用新知识，从而促进知识的有效传播和应用。相反，如果吸收能力较弱，个体和组织可能会面临理解和应用新知识的困难，从而导致知识传播的受阻。

实际应用中的成功案例进一步证实了吸收能力对知识传播的重要影响。例如，Zhai等人（2018）对中国长江流域324家中小企业的研究发现，吸收能力能够缓解市场竞争与企业创新绩效之间的关系。这表明，吸收能力强的企业能够更好地应对市场竞争的挑战，实现创新绩效的提升。此外，Santoro等人（2020）也认为，通过参与共同的技术交易，企业可以掌握更多的新知识，从而增强其创新能力。这也证明了外部知识的价值以及吸收能力在知识传播和创新中的重要作用。

内生增长理论是现代增长理论的核心观点之一，它强调了知识和创新在经济增长中的重要作用。根据这一理论，经济增长是由经济内部因素如知识和创新驱动的。而吸收能力理论则为内生增长理论的机制提供了微观层面的解释。

内生增长理论认为，从新知识的产生到其商业化应用之间存在一个显著的"缺失环节"。"缺失环节"主要指的是知识从研发到商业化的溢出机制。而吸收能力则被认为是解决"缺失环节"的关键。通过提高吸收能力，企业能够更好地获取和使用外部知识，从而实现创新和增长。

许多学者在内生增长理论的背景下强调了吸收能力的重要性。例如,Jaffe等人(1993)认为,吸收能力是企业创新能力的重要决定因素,对宏观层面的增长具有重要影响。他们指出,企业吸收和利用外部知识的能力是技术变革的关键驱动力,而技术变革又是长期经济增长的主要驱动力。同样,Cohen 和 Levinthal(1989)也认为,吸收能力是使企业能够利用外部知识来产生新产品和新工艺的关键因素。他们认为,吸收能力对于在动态和快速变化的环境中经营的企业尤其重要,因为在这种环境中,学习和适应新信息的能力对企业的生存和发展至关重要。

总之,吸收能力理论为内生增长理论的机制提供了微观层面的解释。通过提高吸收能力,企业可以打破"知识过滤器",实现知识的有效转化和应用,从而促进创新和增长。同时,吸收能力对知识传播的影响也不容忽视。因此,在未来的学术研究和企业实践中,应进一步关注吸收能力的培养和提升,以推动知识和创新的更好应用和发展。

2. 吸收能力概念模型

当前文献中有三种学者们比较认可吸收能力概念模型。

(1) Cohen 和 Levinthal(1990)的吸收能力概念模型(图 2.1)。

图 2.1 Cohen 和 Levinthal(1990)的吸收能力概念模型

在探讨企业如何有效应对外部知识挑战、实现持续创新的过程中,Cohen 与 Levinthal 于 1990 年在《管理科学季刊》上发表的"创新与学习:R&D 的两面性"一文中所提出的吸收能力模型具有举足轻重的地位。该模型不仅深入阐释了吸收能力的核心内涵,而且为企业如何识别、吸收并转化外部知识提供了理论支撑。

Cohen 与 Levinthal 认为,吸收能力是企业的一项核心能力,它允许企业高效地从外部知识中汲取养分,进而创造出新颖的产品与工艺。这一能力的存在与否,直接关系企业的创新绩效。在高度竞争的市场环境中,能够快速识别、吸收和应用新知识的企业往往能够取得更好的业绩。

该模型进一步明确了吸收能力的四个核心组成部分,它们相互作用、相互依赖,共同构成了企业的吸收能力。首先是企业的先验知识,这是吸收新知识的基础。只有当企业具备一定的知识基础时,才能够有效地理解和吸收新的知识。其次是企业识别新知识的能力,这关乎企业对新知识的敏感度和洞察力。只有那些能够敏锐地捕捉到新知识、新趋势的企业,才能够及时做出反应。第三是企业吸收新知识的能力,这取决于企业的学习机制与知识整合能力。企业需要建立一套有效的学习机制,以便能够快速地吸收新知识,并将其整合到自身的知识体系中。最后是企业将新知识应用于商业目的的能力,这体现了企业的实践智慧与市场导向。企业不仅需要能够吸收新知识,还需要能够将其转化为实际的产品或服务,以满足市场的需求。

此外,该模型还强调了企业内部知识基础的重要性,以及组织结构和流程在促进吸收能力方面的关键作用。企业内部的知识基础是企业吸收新知识的基础,而高效的组织结构和流程能够确保企业快速、准确地识别、吸收和应用新的外部知识。因此,企业需要不断地完善自身的知识管理体系,提高组织结构和流程的效率,以提升其吸收能力。

Cohen 与 Levinthal 的吸收能力模型为我们全面理解吸收能力的内涵及其在推动企业有效利用外部知识以促进创新和增长方面的作用提供了坚实的理论框架。该模型不仅揭示了吸收能力的核心组成部分,还强调了企业内部知识基础和组织结构与流程的重要性。

(2) Zahra 和 George(2002)的吸收能力概念模型(图 2.2)。

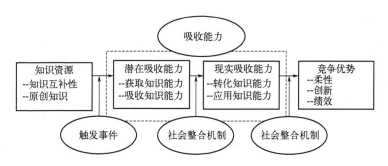

图 2.2 Zahra 和 George(2002)的吸收能力概念模型

Zahra 与 George(2002)的研究在学术领域中具有里程碑式的意义,因为它在 Cohen 与 Levinthal(1990)开创性的工作基础上进行了深化与拓展。这两位学者采用了动态能力的视角,将吸收能力重新定位为一种动态能力,并赋予了它新的内涵。他们认为,吸收能力不仅仅是一个静态的过程,而是一个通过获取、消化、转化和利用知识来持续增强其动态能力的实践。这种转化与利用新知识的能力具有动态特性,并且对企业的创新绩效具有潜在的重大影响。

在 Zahra 与 George 的模型中,吸收能力被进一步区分为两种类型:潜在吸收能力和现实吸收能力。这种区分不仅丰富了我们对吸收能力内涵的理解,而且为后续的学术研究提供了新的视角。潜在吸收能力主要关注企业如何有效地获取并消化外部有价值的知识。这要求企业具备识别、评估和整合外部知识的能力。与此同时，现实吸收能力则强调企业对外部知识进行深度转化和有效利用的能力。这涉及将外部知识与企业现有的知识体系相结合，创造出新的有价值的想法或产品。

相较于 Cohen 与 Levinthal 的原始理解，Zahra 与 George 模型对吸收能力的划分提供了新的维度。潜在吸收能力与现实吸收能力在提升企业竞争优势时相互补充，但各自的作用效率存在差异。潜在吸收能力为企业提供了源源不断的新知识，而现实吸收智力则确保这些新知识能够被有效地转化为实际的商业价值。

此外，该模型还强调了吸收能力在企业创新过程中的动态性。这意味着吸收能力不是一成不变的，而是随着企业内外部环境的变化而不断演化和提升。这种动态性使得吸收能力成为企业应对市场挑战和实现持续创新的关键因素。

该模型不仅深化了我们对吸收能力过程的理解，还为后续研究吸收能力与创新及企业绩效之间的关系提供了一个坚实的理论基础。众多学者已广泛应用此模型，并基于其进行了一系列深入的研究。这些研究不仅验证了吸收能力对企业创新绩效的积极影响，还进一步探讨了影响吸收能力的各种因素，如组织学习、知识转移机制和社会资本等。

从总体上看，Zahra 和 George（2002）的吸收能力概念模型与 Cohen 和 Levinthal（1990）的模型在核心观念上有所共鸣，但在具体构成上展现出独特的视角。Cohen 与 Levinthal 的模型侧重于企业如何吸收外部知识并将其融入自身知识库以创造新知识的能力。他们强调企业先前知识的重要性及其对外部知识价值的识别能力。而影响企业吸收能力的因素包括其先验知识基础、认知特征、组织结构和文化等。

相对而言，Zahra 与 George 的模型则进一步扩展了 Cohen 与 Levinthal 的模型，强调了企业转化和利用外部知识以创造新产品、服务或流程的能力。此外，他们的模型还纳入了组织学习、知识转移机制和社会资本等关键要素。他们认为，企业的吸收能力不仅受到现有知识基础的影响，还与其获取和整合新知识、从中创造和获取价值的能力紧密相连。这意味着，一个具备高水平吸收能力的企业，不仅能够有效地获取和消化外部知识，还能够将这些知识转化为具有商业价值的创新产品或服务。

尽管两个模型在某些细节上存在差异，但它们均强调了吸收能力在企业创新绩效中的关键作用。具备高水平吸收能力的企业更有可能成功识别、吸收和利用外部知识，进而实现创新与卓越绩效。因此，对于希望提升创新能力和竞争优势的企业来说，培养和发展其吸收能力显得尤为重要。

（3）Todorova 和 Dursin（2007）吸收能力的概念模型（图 2.3）。

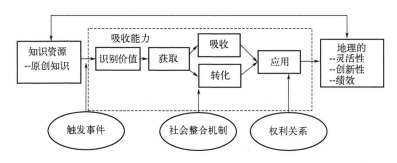

图 2.3　Todorova 和 Durisin 的吸收能力概念模型（2007）

Todorova 和 Dursin 对文献中不同概念的吸收能力进行了批判性分析，发展了知识吸收能力理论，并把吸收能力作为企业业务流程的至关重要的一部分。他们认为，企业提升的吸收能力并不是遵循集成能力的链接，而是多个过程的参与和同化。其次，更清晰地阐明了吸收能力的自变量，发现潜在吸收能力与实际吸收能力之间的关系比想象的还要紧密。他们认为，大多数之前的研究模型都集中在知识获取和同化的微观过程上，但未能考虑影响吸收能力发展和利用的宏观因素，进而提出了一个在吸收能力概念化中整合微观和宏观因素的框架。

上面的分析说明，有关吸收能力概念模型的文献已经确定了三种主要模型，即 Cohen 和 Levinthal（1990）模型、Zahra 和 George（2002）模型以及 Todorova 和 Durisin（2007）模型。这三个模型都具有相似之处，它们均基于一个核心假设：知识被视为一种可获取和同化的可转移商品。然而，这种观念忽视了知识与社会和组织环境的紧密关联。事实上，吸收能力应当被视为一个涉及知识创造、共享和利用的深入的社会和组织学习过程。在这一过程中，不仅要关注企业内部的知识管理，还需充分考虑企业间网络和协作在开发和利用吸收能力中的关键作用。因此，我们应将吸收能力重新定义为一种从公司间互动与合作中涌现出的集体能力。

尽管这些模型在吸收能力的概念化方面展现出一定的共性，但它们对于不同因素的强调和诠释呈现出显著的差异。Cohen 和 Levinthal（1990）模型强调了公司先验知识基础在吸收新知识过程中的重要性。他们认为，企业的先验知识不仅影响其从外部来源吸收新知识的意愿，还决定了其识别和评估新知识价值的能力。因此，企业先验知识基础的深度和广度对于提升其吸收能力至关重要。相比之下，Zahra 和 George（2002）模型则更加关注组织结构和过程在促进吸收能力方面的作用。他们认为，一个高效的组织结构和流程设计能够促进企业内部的知识共享和传递，进而提升其对外部知识的吸收和转化能力。因此，企业在构建和优化其组织结构和流程时，应充分考虑如何提升其吸收能力的需求。最后，Todorova 和 Durisin（2007）模型则着重强调了认知和社会机制在促进吸收能力中的作用。他们认为，企业的吸收能力不仅受到其内部知识结构和流程的影响，还受到其认知能力和社会网络的影响。因此，企业在提升其吸收能力时，不仅需要关注内部的知识管理和流程优化，还需充分利用其外部的社会网络资源，以拓宽其知识获取和转化的渠道。

尽管这三个模型在吸收能力的概念化及其对不同因素的强调上存在一定的差异，但它们都一致地认为吸收能力在使企业能够获取和利用外部知识以推动创新和增长方面发挥着至关重要的作用。因此，尽管各模型的重点可能有所不同，但它们都为我们深入理解吸收能力的机制及其在促进内源性增长中的作用提供了宝贵的见解。

（三）知识管理理论

1. 知识管理理论的起源与演变：多学科视角下的探索

知识管理理论作为现代管理学的重要分支，其发展历程涉及多个学科领域，包括信息科学、管理学、组织行为学等。这一理论的渊源可以追溯到古典经济理论，然而，古典经济理论对于知识的分析局限于生产要素的同质性及其自由流动性，未能深入挖掘知识作为企业独特竞争优势的来源。

在古典经济理论的框架下，所有生产要素被视为本质上是相同的，并且可以自由地在企业之间流动。知识也被视为一种生产要素，遵循同样的规律。随着研究的深入，学者们逐渐意识到知识的独特性和重要性。特别是在波特竞争理论的框架下，资源在产业间的流动性以及产业间利润率的差异被强调，但在同一产业内，由于企业面临相似的市场机会和竞争关系，其利润率应趋于一致。这一观点促使学者们开始从企业内部寻找竞争优势的来源。

20 世纪 80 年代，学者们开始将研究重点从外部资源转向企业内部。在这一时期，普遍的观点是，企业的竞争优势源自其内部资源，特别是那些非市场交易所能获得且能为企业带来稳定竞争优势的资源。这一观点突破了古典经济理论的局限，开始关注知识作为一种非交易性资源在企业竞争中的重要作用。

随着研究的进一步深入，学者们发现企业利用这些资源的背后是知识的支撑。知识不仅是企业内部资源的重要组成部分，更是构筑企业真正竞争优势的基石。在同一产业内的企业面对相似的外部环境时，其内部知识存量和运用外部知识的能力差异，导致了识别市场机会和制定竞争战略的不同。这也使得知识理论成为企业管理领域的研究焦点。

Nonaka 和 Takeuchi（1995）的《知识创造公司》、Davenport 和 Prusak（1998）的《工作知识》以及 Wiig（1997）的《知识管理：介绍和视角》等作品对知识管理领域作出了早期贡献。这些研究不仅为知识管理理论的形成和实践提供了坚实基础，还为后续研究开辟了道路。它们从不同角度探讨了知识管理的重要性及其在企业中的应用，为企业界和学术界提供了宝贵的启示。

自那时起，来自不同学科的学者纷纷为知识管理理论的发展献计献策。信息科学、管理学、组织行为学、心理学和社会学等多个学科的交叉融合为知识管理理论注入了新的活力。这些学者通过深入研究和实践，不断推动着知识管理理论的繁荣与进步。

综上所述，知识管理理论的发展经历了从古典经济理论到波特竞争理论的转变，再到多学科交叉融合的过程。这一过程不仅揭示了知识在企业竞争中的重要地位，还为企业界和学术界提供了宝贵的理论和实践指导。未来，随着研究的深入和实践的发展，知识管理理论将继续为企业的持续发展和创新提供强大的支持。

2. 知识管理理论的核心观点：基于竞争优势的资源观

知识管理理论从竞争优势的资源观出发，强调知识作为企业核心资源的重要地位，以及通过有效管理这些知识资源来构建和维持企业的竞争优势。

一是知识被视为企业最具战略价值的资源之一。在知识经济时代，知识资源的积累、整合与利用能力成为企业竞争力的关键。与传统的有形资源不同，知识资源具有难以模仿、替代和转移的特性，因此成为企业构建独特竞争优势的基础。

二是知识管理理论关注如何有效地管理和利用这些知识资源。包括知识的获取、存储、共享、应用和创新等多个环节。通过有效的知识管理实践，企业能够促进知识在组织内部的流动和转化，提高员工的知识水平和创新能力，从而推动企业的持续发展和竞争优势的提升。

三是知识管理理论与企业的竞争优势紧密相关。通过实施知识管理，企业能够更好地应对市场变化和技术挑战，不断推出创新的产品和服务，满足客户的需求并超越竞争对手。同时，知识管理还有助于企业建立学习型组织文化，鼓励员工持续学习和创新，为企业的长期发展提供源源不断的动力。

四是从资源观的角度来看，知识管理理论强调企业需要对知识资源进行战略性的投资和管理。这要求企业领导者将知识管理视为企业战略的重要组成部分，制定明确的知识管理战略和计划，并投入必要的资源来支持和推动知识管理实践的实施。

三、创新绩效的相关研究

（一）创新绩效的定义

开拓新市场是企业发展业务的重要组成部分，企业创新过程不仅是开拓新市场，还包括商品、程序、营销和管理等。熊彼特（1934）强调了几种类型的创新，包括新产品、制造工艺、供应网络、市场渗透和公司结构。德鲁克（1985）则把创新定义为获得新的、更有利的能力。

根据目前的文献，关于创新的思想主要有四个流派：Solow（1956）的新古典经济增长理论；Kamien 和 Schwartz（1975）的新熊彼特创新理论；Davis、North 以及 Smorodin（1971）的新制度创新；Asheim 和 Isaksen（2002）的国家创新体系。对于如何理解这一创新概念，专家们意见不一。

由于绩效定义的多角度和创新绩效的丰富内涵尚未形成统一的论述，当前文献中提出了许多创新绩效的定义。Fudickar 和 Hottenrott（2019）采用离散统计方法对创新绩效进行表述，并以创新商品的销售百分比作为指标。Del Giudice 等人（2018）提出与其等待创新在企业组织内部自然产生，不如积极支持创新，而要提高创新效果，则需要通过使用协作网络来提高组织创新的绩效水平。正如 Hsieh 等人（2020）所概述的那样，评估公司创新绩效的方法有两种：从狭义上讲，创新绩效是通过确定引入市场的创新、新产品和最新技术系统的数量；更广泛意义上说，通过计算研发时间、专利和产品引入阶段的数量。Liu 和 Atuahene-Gima（2018）认为企业的创新绩效可以被描述为将新技术和新产品引入市场的速度，以及由于其创造性努力而获得的收益的成功。正如 Hagedoorn 和 clodt（2003）所定义的那样，创新绩效包括创造和发布新想法、商品和服务的各个方面。Pdf，n.d.（2019）所定义的"创新绩效"，是企业将技术收益转化为有形的货币利益的手段。Castro Benavides 等人（2020）则认为企业在将创新理念和技术引入议会部门、开发新技术、制造新产品以及将这些产品销售给客户方面的成功都是公司创新绩效的指标。正如 Kaufmann 等人（2021）所指出的那样，"创新绩效"包含了创新的效果和效率，它受到产品和流程创新优势的支持。

根据以上文献分析，学术界对创新绩效的定义并不完全一致，但学者对创新绩效的共识主要集中在创新活动的结果和效用评价上。

（二）创新绩效的分类

学术界对创新绩效的内涵有多种理解。Roszko-Wójtowicz 和 Białek（2016）认为，流程和新产品开发是最好的测量方法。最新版本的《奥斯陆手册》中制定了衡量创新的国际标准，标准考虑了非技术创新（即组织和营销）以及产品和工艺创新（Roszko-Wójtowicz 和 Białek，2016）。这一统计数据旨在评估生产率的提高，这可以追溯到引入新产品和新程序。Kahn（2018）表明，衡量新产品、新程序和新服务的措施是评估公司创新成功的必要条件。商业中最具争议的话题之一是如何衡量一个企业的创新潜力，尽管大多数人都认为它必须考虑到管理和技术创新（Daft，1978）。"管理创新"一词用来描述从无到有开展业务的新方法，例如对公司长期目标、组织结构、人力资源管理、执行权力和控制、市场营销、竞争分析和其他管理任务的新思考方式。"技术创新"是企业通过内部创造和外部引进获得的专业创新（Sun 等人，2021）。技术创新的内容包括两类：产品创新和工艺创新（Xie 等人，2019）。产品创新是对产品属性和功能的增加和完善。工艺创新是指在产品生产过程中对技术进行升级改造，也称为工艺创新，包括新技术的出现、新设备的引进、新生产工艺的应用等。对产品创新的理解：首先，产品创新的类别可以从微小的改进到纯粹的完全创新，这取决于创新的程度（Ramadani 等人，2019）。Holt（1988）认为，产品的创新程度、产品的变化、从微变型创新到模仿型创新和改进型创新的变化，微变型产品的生产技术或产品功能的微小增量创新，而模仿型创新是指通过功能、性能、模仿对消费者效用的改进和进步，改进型创新是对产品功能和外观的大幅度变化。Kahn（2018）认为产品创新应包括新产品创新和改进产品创新。Zirger 和 Maidique（1990）将产品创新分为渐进式产品创新、显著式产品创新和突破性产品创新。在 Ganzer 等人（2017）的研究中，对产品创新进行了分类，包括重组创新、增量创新、突破创新和改进创新。其次，产品创新的意义根据不同的对象有不同的视角。Rochford 和 Rudelius（1997）认为产品创新的意义可以从消费者、企业和市场三个角度来理解。从消费者的角度来看，产品创新就是能够给消费者带来更多利益的创新；从企业的角度来看，产品创新是指产品在技术和制造模式上的新颖性；从市场的角度来看，产品创新就是能够带来市场的产品功能创新。首先，对于企业自身而言，产品创新是指创造企业从未设计、制造或销售过的产品。其次，对于企业生存的市场来说，产品创新是指创造市场上从未出现过的产品，是一种面向市场的全新产品。

表 2.1 反映了关于创新绩效分类的文献梳理。

◆ 表 2.1 创新绩效研究综述

研究者（年份）	创新分类					关键因素
	产品	过程	服务	组织	战略	
Betz（1993）	▲	▲	▲			新技术
Nonaka 和 Takeuchi（1995）	▲	▲	▲	▲		商业化速度 生产成本 销售、服务、品牌和销售渠道管理 价值重建

续表

研究者（年份）	创新分类					关键因素
	产品	过程	服务	组织	战略	
Tidd（1995）	▲	▲	▲			市场份额和盈利能力 超越竞争对手 提供更快、高质量和低成本的服务
Gloet 和 Terziovski（2004）	▲				▲	资产回报率、投资回报率和盈利能力
Alegre 和 Chiva（2008）	▲	▲	▲	▲	▲	有形和无形资源或技能
Löfsten（2014）	▲	▲				产品特性和生产成本 具有高度变异性和复杂性的特点
Calik 和 Bardudeen（2016）	▲	▲				创新支出、新的可持续产品或工艺的数量、可持续专利和应用
Nwachukwu 等人（2018）	▲	▲			▲	包括收集数据和不断交换信息

（三）创新绩效的测量

创新绩效的测量一直是学术界和企业管理关注的焦点。Adams 等人（2006）强调，对创新绩效的有效测量不仅有助于理论研究的深化，也是指导企业实践的关键。随着研究的不断深入，衡量创新绩效的方法逐渐形成了多维度的体系，涵盖了创新的投入、过程、产出和结果等多个方面（Saunila，2017）。

创新投入是创新活动的起点，主要包括专业人员、资金、设备和创意等资源的投入。Afrafrica 等人（2020）和 Disamez-soto 等人（2016）的研究均指出，创新投入的质量和数量对创新绩效具有显著影响。Parthasarthy 和 Hammond（2002）以及 Patricia Duran 等人（2015）进一步强调，研发人员的数量和比例是衡量创新投入的重要指标，其与企业创新绩效之间存在正相关关系。

创新过程是指将创新投入转化为实际产出的中间环节。这一过程涉及创新资源的配置、知识的创造与传递、技术的开发与应用等多个方面。Berkhout 等人（2006）和 Carayannis 与 Provance（2008）的研究表明，创新过程的效率和效果对创新绩效具有决定性影响。Dziallas 和 Blind（2019）以及 Mota Veiga 等人（2021）进一步指出，创新过程中的知识管理和团队协作是提升创新绩效的关键因素。

创新产出是创新活动的直接成果，表现为新产品、新服务、新工艺等形式。Kroll 和 Kou（2019）以及 Lv 等人（2021）的研究表明，创新产出的数量和质量是衡量创新绩效的重要指标。此外，Freeman 和 Soete（1997）提出，企业推出新产品的速度也是衡量创新绩效的重要方面，它反映了企业创新的速度和效率。

创新结果是指创新活动对企业绩效的实际影响。这包括企业的收入、利润、市场份额、客户满意度等多个方面。Pozzo 等人（2020）的研究进一步表明，创新结果是衡量创新绩效的最终标准。西方对于企业创新绩效的评价在 19 世纪以前并不存在，因此也谈不上创新绩效的指标体系。

进入 20 世纪，随着市场竞争的加剧，企业管理者越来越认识到有效管理企业才能为企业带来更多利润，因此逐渐出现了企业绩效评估体系，分别出现了以销售利润、投资回报以及财务指标为主的绩效评价阶段。20 世纪末至 21 世纪初，出现了许多各具特色的绩效评价体系，包括德鲁克的改革中心观，他强调企业的核心是"改革"，他认为评价一个企业不应该仅仅是业绩本身，还应该关注企业在改革中所发挥的作用，他的观点虽然并未成体系，但把改革作为非财务指标纳入业绩评价体系提供了研究基础。霍尔的"四个维度"理论，他认为企业的业绩评价应该包括质量维度（内部质量、外部质量、质量改进程度）、作业时刻维度、资源使用维度、人力资源维度。克罗斯和林奇绩效金字塔，强调企业战略在绩效评价中的重要作用，它位于金字塔顶端自上而下，向企业组织传递，传递过程是多级瀑布式的，直到企业最基层，而经营指标是自下而上，逐级重复。卡普兰和诺顿的平衡计分卡，它包括四个方面的指标，即财务性业绩指标，市场测量指标，内部经营过程指标，学习和过程指标。

（四）创新绩效的影响因素

企业创新绩效的优劣受到多种因素的共同影响，这些因素大致可划分为内部因素和外部因素两大类。

1. 内部因素：基于吸收能力、组织文化、组织结构等的综合因素研究

影响企业创新绩效的内部因素在文献中得到了广泛的研究。吸收能力是最重要的内部因素之一，它是指组织识别、吸收和应用外部知识进行创新的能力。研究表明，较高的吸收能力与创新绩效呈正相关（Cohen 和 Levinthal，1990；Lane 和 Lubatkin，1998；Jansen 等人，2005）。另一个重要的内部因素是组织文化，它包括指导组织行为的价值观、信仰和规范。研究发现，强大的创新文化会对创新绩效产生积极影响（Anderson 等人，2014；黄等人，2016）。组织结构也是影响创新绩效的重要内部因素。研究表明，决策更分散的扁平化组织结构与创新绩效呈正相关（Chen 和 Chang，2013；李等人，2017）。此外，人力资本，包括员工的技能和知识，是影响创新绩效的重要内部因素（Balkin 和 Markman，2000；Wu 和 Chang，2015）。研究还强调了领导力在促进创新绩效方面的重要性（Chen 等人，2010；Lu 等人，2018）。

2. 外部因素：基于波特理论、知识理论与开放式创新的综合研究

企业创新绩效的提升受到众多因素的影响，这些因素不仅源于企业内部，还来自外部环境。为深入理解这一现象，本研究将从波特理论、知识理论和开放式创新三个维度，结合企业、企业联盟关系和企业网络三个层面，对企业创新绩效的外部影响因素进行系统性梳理和分析。

波特理论强调了产业集群在企业创新绩效中的重要性。波特认为，产业吸引力是企业盈利能力的首要决定因素，而这种吸引力源于产业集群内部企业间的良性互动和协同合作。这种集群效应不仅促进了企业间的知识共享和技术转移，还为企业提供了更为丰富的创新资源和更广阔的市场空间。因此，企业所处的产业集群环境对其创新绩效具有显著影响。

知识理论则从知识的获取、吸收、转化和创造等方面分析了创新对绩效的影响。Wang Z 和 N Wang（2012）的实证研究表明，显性和隐性信息共享均有助于企业创新。知识共享不仅能够提升创新的质量，还能够加快创新的速度。此外，Xie、H Zou 和 G Qi（2018）的研究发现，企业获取、吸收、转化和创造新知识的能力与其产品和服务的创新性之间存在正相关关系。这意味着，企业的知识管理能力越强，其创新绩效也就越高。

开放式创新理论则为企业创新提供了新的视角。根据该理论，企业不仅可以从内部进行创新，还可以通过与外部环境的互动，如政府、供应商、竞争对手、合作伙伴和消费者等，获取创新资源和灵感。张志刚等人（2015）的研究表明，内部化开放式创新和提取式开放式创新对组织的创新绩效具有正向影响。马文嘉和高立谋（2016）也观察到开放式创新总体上对创新绩效具有积极影响，但他们同时指出，创新管理深度与创新绩效之间的关系并非线性，而是呈现出倒 U 形的关系。这意味着，企业在追求开放式创新的过程中，需要适度控制创新管理的深度，以避免过度或不足的管理对创新绩效产生负面影响。

企业创新绩效的外部影响因素是一个复杂而多元的系统，涉及产业集群、知识管理、开放式创新等多个方面，这些因素不仅各自独立影响创新绩效，还以复杂的方式相互作用。

四、大学知识溢出的相关研究

（一）知识管理

1. 知识的概念

在探索大学知识溢出的相关议题时，首先需要对"知识"这一概念进行深入理解。知识作为一种复杂且多变的现象，其本质与特性一直是学术界的热议话题。Maciag（2020）指出，知识是一种特殊的属性，其存在形式并不固定，常常以不确定和多样的面貌出现，并通过多元化的渠道进行传播。Kelsey 等人（1997）对于知识的定义是：通过实践、研究、联系或调查所获得的事物的事实和状态。这一定义突出了知识的实践性、探索性和联系性。知识不仅是对科学、艺术或技术的理解，更是人类所积累的真理和原则的总和。

随着人类认知的不断深化，对知识的理解也在不断演变。不同的学者和研究者因其独特的知识背景和结构，对知识的看法和诠释也各有千秋（表2.2）。但无论如何定义，知识的核心都是人类在实践中对自然、社会、思维现象及其本质的理解和总结。它是人类意识的重要产物，从静态的角度看，知识表现为具有一定结构和体系的知识产品；而从动态的角度观察，知识则是一个不断流动、传播和应用的过程。这种流动性正是大学知识溢出的关键所在。大学作为知识的生产、传播和应用的重要场所，其知识溢出不仅影响着自身的学术发展，也对社会、经济和文化的进步产生深远影响。

◆ 表2.2 知识本质内涵研究

内涵	研究者（年份）
字面性、确定性、观点、视角、预测、专业知识和方法	Wiig（1997）
包括有组织的经验、价值观、背景和专业意见的例子	Davenport 和 Prusak（1998）
通过经验、沟通或推理，逐渐相信并重视有意义的组织信息（信息）的积累	Michael H. Zack（1999）
信息和应用信息的能力是一枚硬币的两面；知识是一个整体，因为它可以兼而有之。知识是一个过程：一种学习和应用同时发生的管理活动（如专业知识的应用）给你一定的力量；利用这种力量来改变你未来的行为方式（实践信息的能力，解释知识和经验给企业带来的信息的能力以及识别有助于决策的信息的技能）	Nielsen 和 Michailova（2007）
知识从根本上说，是一种社会现象，源于我们与他人的互动	Goldman A.（2019）
知识是一种社会建构的现象，随着时间的推移而演变	McCain K.（2020）
它是一种智能系统，用于帮助人们获得解决复杂任务的能力	Ji 等人（2021）

从上表可以看出，这些定义突出了知识的不同方面，包括其认知方面和经验方面，其主观和客观性质，以及它在促进有效行动和决策方面的作用。

2. 知识的分类

知识的内涵与外延极为丰富。根据不同的分类标准，知识可以被解构为多种形态。其中，经济合作与发展组织（Organization for Economic Co-operation and Development，OECD）在其"以知识为基础"的研究中，明确提出了四种核心知识类型，为我们提供了独特的视角来审视知识的多维性。

OECD 将知识划分为显性与隐性两大类，这一分类得到了学术界的广泛认同（表 2.3）。Polanyi 是位在物理学和哲学领域都享有盛誉的学者，于 1958 年在其著作《个体知识》中首次提出了隐性知识的概念。显性知识是指那些能够通过常规口头语言明确传达的信息。它常见于书籍、数据库等文献资源中，详细描述了技术进步、专利发明等内容。显性知识的显著特征是它的可量化、可表达性和编码性，只要有适当的媒介，人们即可公正地获取这类知识。大多数人的显性知识主要由"知道什么"和"为什么知道"这两部分构成。

与显性知识形成鲜明对比的是隐性知识。它难以定价，更难向他人清晰阐述，通常只能通过个体的亲身体验和实践来获得。无形的技能、心智模式以及独特的才能，都是隐性知识的重要组成部分。隐性知识不仅涉及专业领域，还与人际关系、社会交往等方面紧密相关。尽管隐性知识与显性知识在表现形式上存在差异，但它们并非相互排斥，而是相互补充。事实上，为隐性知识提供确凿的证据是可能的，而面对面的交谈和深度互动则是促进隐性知识传播的有效途径（Hipp，1999；Josise 等人，2020；Koskinen 等人，2003；朱等人，2016）。

值得进一步探讨的是，隐性知识可以被细分为认知和能力两大类（Jacobs 和 Karpova，2019）。这两者相互交织，相互促进，为知识的进一步深化和发展提供了可能。此外，Jacobs 和 Karpova 还提出了一个将隐性知识纳入企业的标准模型，这为我们进一步研究知识管理和知识创新提供了宝贵的起点。

◆ 表 2.3 OECD 知识分类

种类	显性知识/隐性知识	含义
事实知识（Know-What）	显性知识	知道它是什么，这是需要记住的知识
原理知识（Know-Why）		知道原因就是理解的知识
技能知识（Know-How）	隐性知识	知道怎么做，可以通过探索、经验和长期实践获得
人力知识（Know-Who）		当问题出现时，知道向谁寻求帮助，这是利用他人的知识来解决自己问题的熟练知识

传统上，显性知识与隐性知识被视为知识的两种独立状态，但 Despres 和 Chauvel（1999）的研究提出了一个颠覆性的观点：这两者并非简单的二元对立，而是相互依存、相互增强的关系。这一观点为我们重新审视知识的本质及其在组织中的作用提供了新的视角。Polanyi（1966）的观点进一步强化了这一论断，他认为显性知识是以隐性知识为基础的，两者在本质上是互补和相互依存的。知识的传递不仅仅是通过语言或文字，更重要的是通过一种"心照不宣"的过程，这涉及分享经验和实践。这种非言语的交流方式在隐性知识的传递中尤为重要。Nonaka 和 Takeuchi（1995）的 SECI 模型为我们描绘了一个显性知识与隐性知识相互转换的循环过程。这一模型详细描述了知识创造过程中的四个关键阶段：社

会化（从隐性到隐性的转换）、外化（从隐性到显性的转换）、组合（从显性到显性的转换）以及内化（从显性到隐性的转换）。这四个阶段相互衔接，形成了一个持续的知识创造螺旋。

在其他语境下，显性知识与隐性知识的转换也受到了广泛关注。例如，Zhang 和 Shi（2021）在研究跨境并购中的知识转移时，发现成功的知识转移取决于将隐性知识有效转化为显性知识的能力。同样，Chang 等人（2019）在探讨校企合作中的知识转换时，也强调了合作伙伴之间建立信任和共同理解的重要性。值得注意的是，隐性知识不仅是显性知识发展的基础，更是其解释和应用的必要背景（Polyani，1975）。这意味着，显性知识与隐性知识之间存在着不可分割的关系。如果隐性知识是理解显性知识的关键，那么必然存在一个共享的底层知识基础，这是他人理解和应用知识的前提（Ivari 和 Linger，1999；Tuomi，1999）。

3. 知识管理与创新绩效的关系

知识管理与创新绩效间的关联，一直是学术界研究的热点。众多研究探讨了这一关系，总体结果显示，知识管理实践对创新绩效具有积极的影响。Shu、Chen 与 Chen（2021）从动态能力的视角出发，阐释了知识管理实践如何助力企业培育动态能力，进而提升创新绩效。Holsapple 与 Wu（2020）则对有关知识管理与创新的文献进行了全面的回顾与批判性分析，他们发现尽管部分研究证实了知识管理与创新间的正向关系，但仍有研究得出不一致的结论。Fatima 与 Raziq（2020）研究了学习能力在知识管理与创新绩效间的中介作用，发现学习能力在强化知识管理实践对创新绩效的积极影响方面起到了关键作用。综上所述，这些研究均表明，对于寻求提升创新绩效的组织而言，知识管理是一种宝贵的工具。然而，这一关系背后的具体机制与条件可能相当复杂，并受到多种环境因素的影响。

（二）知识溢出

1. 知识溢出的概念及内涵

知识溢出的概念在经济学和其他社会科学领域得到了广泛的研究。现有文献探讨了知识溢出的起源以及促进或阻碍知识溢出发生的条件。根据 Jaffe（1986）的观点，当知识通过非正式渠道（如个人沟通或合作）从一个人或组织转移到另一个人时，就会发生知识溢出。这种知识转移可以为接收组织或整个社会带来正外部性。Griliches（1992）认为，知识溢出可以成为创新和经济增长的重要来源，因为它们允许企业从其他企业和个人的知识和专长中受益。然而，知识溢出的发生和影响可能受到知识产权保护、地理邻近性和社会网络等因素的影响

(Maskell 和 Malmberg，1999；Cohen 和 Levinthal，1990；Jovanovic 和 Nyarko，1994)。一些学者还提出，知识溢出的有效性可能取决于接收组织或个人的吸收能力，即认识、吸收和应用新知识的能力（Cohen 和 Levinthal，1990）。总体而言，关于知识溢出的文献强调了非正式知识转移渠道的重要性以及知识扩散对创新和经济发展的潜在好处（Li, Y.、Zhao, X. 和 Tan, J.，2019）。

然而，人们越来越关注不同类型的知识溢出的重要性，例如隐性知识溢出和显性知识溢出，以及它们如何以不同的方式影响创新绩效（Albers 等人，2019）。显性知识溢出是指有意和正式地将知识从一个实体转移到另一个实体，通常通过专利、出版物和技术报告等编纂信息（Cohen 和 Levinthal，1990；Arora 等人，2001）。明确的知识溢出可以通过各种渠道发生，例如许可协议、合资企业和合作。隐性知识溢出是指非程序化知识在个人或组织之间无意识和计划外的扩散，为接收实体带来外部利益（Zahra 等人，2014）。隐性知识通常很难表达和编纂，并且嵌入在个人的经验、信仰和价值观中。因此，隐性知识溢出主要通过个人互动和合作，以及通过共享的文化或社会背景发生。信任、相互尊重、共同的目标或兴趣等因素可以促进隐性知识的转移。此外，最近的研究强调了知识溢出在塑造产业集群和区域经济发展中的作用（Garnsey 等人，2019；He 等人，2020）。总体而言，文献表明，知识溢出仍然是推动创新和经济增长的关键因素。

2. 知识溢出的测量

学者们已经广泛认识到衡量知识溢出对理解技术变革和创新绩效的重要性。Jaffe（1989）强调了测量知识溢出的关键任务，而 Breschi 和 Lissoni（2001）强调了这一挑战的复杂性和多面性。同样，Griffith 等人（2006）也指出了知识溢出的多种形式和渠道。Varga（2000）强调需要制定能够捕捉知识转移动态本质的指标，而 Audretsch 等人（2002）强调了考虑适当的方法和各种影响知识转移及其对创新影响的因素的重要性。这些学者都认为，衡量知识溢出是一项复杂而具有挑战性的任务，需要仔细考虑适当的指标和方法，并了解知识转移的各种形式和渠道及其对创新的影响。

在最近的文献中，对测量知识溢出的方法和主要思想进行了探讨。一种常见的方法是分析专利数据，这可以揭示有关企业和行业之间技术知识传播的信息（Balboa 和 Martínez，2020）。另一种方法是对行业专家或学术研究人员进行调查或访谈，以收集有关知识流动和溢出效应对创新的影响的信息（Zarei、Najafi 和 Zamani，2019）。此外，一些研究者使用计量经济模型来估计知识溢出对创新绩效的影响，考虑了行业结构、区域特征和企业层面特征等多种因素（Zheng 等人，2020）。值得注意的是，衡量知识溢出是一项复杂和多维的任务，需要仔细考虑适当的方法和指标，以捕捉知识转移的各个方面及其对创新的影响。

总体而言，现有文献已经广泛认识到测量知识溢出对理解技术变革和创新绩效的重要性。学者们强调了这一挑战的复杂性和多面性，需要考虑适当的指标、方法和因素，这些指标、方法和因素可以影响知识转移及其对创新的影响。本段概述了衡量知识溢出的各种方法，包括专利数据分析、调查或专家访谈以及计量经济模型。这些方法有助于捕捉知识转移的动态性质及其对创新的影响，同时考虑到产业结构、区域特征和企业层面特征等因素。然而，衡量知识溢出是一项复杂和多维的任务，需要仔细考虑适当的方法和指标，以捕捉知识转移的各个方面及其对创新的影响。

3. 知识溢出的路径

关于知识溢出的路径，有几种主要观点。一种观点认为，知识溢出可以通过各种渠道发生，包括正式和非正式网络、劳动力流动和行业联系（Muscio 和 Quaglione，2019）。另一种观点认为，知识溢出的路径可能受到地理邻近性的影响，由于知识密集型产业的集中和研究机构的存在，溢出更有可能在区域内发生（Balland 等人，2018）。此外，一些学者认为，知识溢出的路径可能受到制度因素的影响，如知识产权法，这可以影响知识的转移和扩散（Perkmann 和 Walsh，2009）。人们还认识到，知识溢出的路径可能受到接收企业吸收能力的影响，吸收能力高的企业更有可能从溢出中受益（Cohen 和 Levinthal，1990）。总的来说，人们越来越认识到，知识溢出的路径是复杂和多方面的，可能受到与知识的性质、所涉公司的特征以及更广泛的制度和地理背景有关的一系列因素的影响。

4. 知识溢出的效应

近年来文献中关于知识溢出的研究观点是多元的、多方面的。一些学者认为，知识溢出是创新和经济增长的重要驱动力，旨在促进知识溢出的政策可以为企业和地区带来重要的利益（Jaffe，1989；Arundel 和 Kabla，1998；Breschi 和 Lissoni，2001）。然而，其他研究人员认为，知识溢出的影响可能是有限的，并根据具体情况而定，旨在促进知识溢出的政策可能并不总是有效的（Hölzl 和 Janger，2014；Crescenzi 和 Rodríguez-Pose，2012）。一些学者还指出，知识溢出效应在企业和地区之间的分布可能是不均匀的，一些企业和地区比其他企业和地区更能从知识溢出中受益（Maskell，2001；Boschma 和 Frenken，2010）。此外，一些研究人员认为，知识溢出对创新的影响可能取决于被转移知识的类型和质量、接收企业的吸收能力以及发生转移的制度和地理背景等因素（Cohen 和 Levinthal，1990；Perkmann 和 Walsh，2009；Balland 等人，2018）。总体而言，最近的文献强调了理解知识溢出的复杂性和多面性以及影响其对创新和经济增长影响的因素的重要性。

（三）大学知识溢出

1. 大学知识溢出的概念

当前学界对于大学知识溢出的认知日趋深化。诸多学者倾向于将大学知识溢出视作广义知识溢出范畴内的一个子类别，其发生渠道多元且复杂，涵盖大学发明许可、学术创业以及产学研之间的深度协作等多个层面（Perkmann 和 Walsh，2007）。这一定义不仅凸显了大学知识转移方式的多样性，也强调了理解大学知识溢出对创新之影响时，需对转移机制的具体形式进行深入剖析的必要性。

此外，有学者提出，大学知识溢出的概念应进一步拓展，不仅涵盖显性知识的转移，还应包括隐性知识的传递，后者往往嵌入于大学的文化与实践之中（Azagra-Caro、Archontakis 和 Nesta，2017）。这一定义进一步认可了大学通过非成文知识的转移方式，如社会网络的构建与科学共同体的形成，对创新产生的积极作用。

综合来看，大学知识溢出的定义日渐被视为一个复杂且多维度的概念，其定义可能因转移机制、知识类型以及更广泛的制度与地理背景的差异而有所不同。因此，在深入研究大学知识溢出时，需充分考虑其多维属性与复杂特性，以便更准确地揭示其对创新活动的实际影响。

2. 大学知识溢出机制

在学术研究领域，关于大学知识溢出机制的探讨已形成若干核心观点。首先，部分文献强调大学在促进学术界与产业界之间的知识转移中所发挥的关键作用。通过学术咨询、技术许可及合作研究等多种机制，大学不仅推动了知识的流通与共享，更在创新链中扮演着不可或缺的桥梁角色（Fini 等人，2020）。

其次，大学知识溢出的有效性问题亦成为研究焦点。学者指出，这一过程的成效深受大学与产业间互动质量、接收企业特性以及溢出发生的制度和文化背景等多重因素的影响（Baldini 等人，2020）。其中，互动质量的高低直接关系知识转移的效率和深度；接收企业的技术吸收能力、组织文化及市场定位等因素亦对溢出效果产生显著影响；而制度和文化背景则为这一过程提供了宏观的社会与经济环境。

此外，被转移知识的类型和质量以及接收企业的吸收能力同样被视为影响大学知识溢出机制的关键因素（Chen 等人，2020）。知识的性质（显性或隐性）、新颖程度及其实用价值，均会直接影响其在产业界的传播与应用；而接收企业的技术基础、创新能力及组织学习能力则决定了其能否有效吸收并转化这些知识。

最后，行业差异亦对大学知识溢出机制产生显著影响。不同行业因其技术特性、市场结构及竞争格局的不同，而呈现出不同的知识吸收能力和溢出类型（Grilli 等人，2021）。因此，在探讨大学知识溢出机制时，需充分考虑行业异质性，以便更准确地揭示其内在规律。

大学知识溢出机制是一个复杂多维的过程，涉及知识、接收企业以及发生溢出的制度和文化背景等多个层面的因素。

3. 大学显性知识溢出

诸多学者对于大学显性知识溢出的内容持有不同见解。大学的显性知识领域广泛，涵盖了工程、自然科学、社会科学、人文科学以及商业等诸多学科领域（Fini 等人，2020）。这种显性知识的内容并非孤立存在，而是受到诸多因素的交织影响。个人研究者的研究焦点、特定研究领域的资金与机构支持以及行业合作伙伴与其他利益相关者的需求和利益，均对大学显性知识的内容产生深远影响（Baldini 等人，2020）。具体到显性知识的表现形式，大学中不乏技术报告、科学出版物、专利及其他形式的知识产权。这些知识产权作为显性知识的载体，具备较高的传播性和共享性，易于传递给其他个人或组织（Muscio 和 Ramaciotti，2017）。特别值得注意的是，大学显性知识的内容对于中小企业（SMEs）而言具有极其重要的意义。由于中小企业往往受限于资源短缺和专业知识的匮乏，难以独立开展新产品和服务的研发工作。因此，大学显性知识的溢出对于促进中小企业技术创新和市场竞争力的提升具有不可忽视的作用（Perez-Aleman 和 Rivera-Santos，2012）。

大学显性知识溢出的内容不仅涵盖多个学科领域，而且受到多种内外部因素的影响。其对于中小企业的重要性，进一步凸显了大学在知识创新和传播中的核心地位。

4. 大学隐性知识溢出

学者们对大学隐性知识的内容进行了深入的阐述。由于隐性知识深植于个体的经验与认知之中，其形式化及向他人的转移过程显得尤为困难（Nonaka 和 von Krogh，2009）。隐性知识的内容丰富多样，涵盖技能、信念、直觉、价值观等难以言传与分享的要素（Davenport 和 Prusak，2000）。此类知识的发展往往依赖于多种形式的社会化与个体互动，如导师制度、实践社区以及体验式学习等（Lave 和 Wenger，1991）。隐性知识的转移过程可通过讲故事、隐喻等叙事交流方式加以促进，使个体能够与他人分享其独特的经验与见解（Brown 和 Duguid，1991）。

隐性知识的有效管理对组织而言至关重要，它可成为组织竞争优势的关键来源。通过充分利用大学专业人士的专长与洞见，并持续推动学习与创新，能够不断创造新知识（Leonard 和 Sensiper，1998）。

在探讨大学隐性知识溢出的机制时，学者们指出，此类溢出可通过多种途径实现，包括但不限于研究者间的非正式交流、联合研究项目以及合作研究中心等（Azagra-Caro 和 Consoli，2016）。与显性知识相比，隐性知识的溢出通常更为难以识别与转移，因其深深扎根于个体的经验、技能与专有技术之中（Lissoni 等人，2013）。大学在促进隐性知识溢出方面扮演着举足轻重的角色，通过与产业合作伙伴的互动、技术工人的培训以及构建连接研究人员、从业者与政策制定者的网络等方式发挥作用（Cohen 等人，2018）。

大学隐性知识溢出的效果受多种因素影响，包括大学与产业互动的质量、相关个体的特性以及溢出发生的制度和文化背景等（Baldini 等人，2020）。对于中小企业（SMEs）而言，来自大学的隐性知识溢出可能尤为关键，因为这些企业往往缺乏自主开发与获取隐性知识的资源与能力（Perez-Aleman 和 Rivera-Santos，2012）。因此，深入探究大学隐性知识溢出的机制与影响因素，对于提升组织的创新能力与竞争优势具有重要意义。

5. 大学知识溢出与知识管理理论的关系

学术界对大学知识溢出与知识管理理论之间的内在联系已逐渐展开深入探讨。例如，Lu 和 Liu（2012）在研究中揭示，高校的知识管理实践在推动知识溢出及提升创新绩效方面扮演着积极的角色。他们认为，高效的知识管理不仅有助于识别和获取有价值的知识资源，更能通过多元化的渠道促进这些知识的广泛传播。

与此同时，D'Este 和 Patel（2007）的研究也指出，大学通过营造有利于合作与思想交流的环境，在推动知识溢出方面发挥着举足轻重的作用。这种环境的构建不仅有利于知识的共享与融合，更有助于激发创新思维的涌现。

此外，还有研究聚焦于知识管理理论在推动大学知识溢出中的具体应用。例如，Lee 和 Choi（2011）为大学设计了一个知识管理框架，该框架强调创建支持性文化、开发完善的知识管理流程以及利用技术手段促进知识共享的重要性。他们认为，这样的框架能够有效提升知识溢出的效率，进而推动创新的步伐。

现有文献充分表明大学知识溢出与知识管理理论之间存在着紧密的互动关系。一方面，有效的知识管理实践为知识的转移和传播提供了有力支撑，从而增加了知识溢出的可能性；另一方面，大学知识溢出的概念通过强调知识交流与合作在推动创新和经济发展中的核心地位，为知识管理理论提供了丰富的实践素材和理论支撑，进一步塑造了知识管理理论的发展脉络。

五、吸收能力的相关研究

在市场经济体制下，信息作为支撑组织实现增长的核心战略资源，其重要性不言而喻（Blind 和 Mangelsdorf，2016）。随着市场竞争的日益激烈，企业对于外部知识的渴求愈发强烈，它们纷纷通过汲取其他企业的知识来增强自身的创新能力。在这一过程中，企业对于外部知识资产的吸收能力显得尤为关键，它已成为企业参与创造性运营活动不可或缺的重要工具（Camisón 和 Forsamys，2010）。因此，深入研究企业的吸收能力，不仅有助于理解企业在市场竞争中的行为模式，更能够为提升企业创新能力提供有益的理论指导。

（一）知识吸收能力的概念

知识吸收能力的研究可追溯至 20 世纪 90 年代，Cohen 和 Levinthal 首次提出此概念，其核心观点在于企业先验知识基础对其吸收外部知识能力的决定性影响。拥有丰富先验知识的企业更擅于汲取与运用新信息。自 Cohen 和 Levinthal 的开创性研究后，Zahra 和 George（2002），Lane 和 Lubatkin（1998），Jansen、Van Den Bosch 和 Volberda（2005），Teece（2014）以及 Lane 等人（2006）等杰出学者均对此概念进行了深入探究与拓展，通过探讨知识管理、创新、联盟及网络在吸收能力发展中的角色，丰富了吸收能力的理论体系。表 2.4 罗列了部分代表性研究成果。

◆ 表 2.4 吸收能力的代表性研究

研究者（年份）	主要观点	理论基础
Cohen 和 Levinthal（1990）	吸收能力是学习的概念。它包括识别知识、吸收知识、转化知识和应用知识	认知行为理论
Nonaka 和 Takeuchi（1995）	吸收能力是知识转化的过程，包括社会化、外化、联想和内化	知识转化理论
Dyer 和 Singh（1998）	知识吸收是一个社会互动与合作的过程，可以为企业创新关系提供支撑	社会资本理论
Kim（1998）	吸收能力是企业学习能力和解决问题能力的总和	认知行为理论
Lane 和 Lubatkin（2001）	吸收能力由三个主要要素组成：获取、同化和利用 吸收能力的有效性取决于组织管理和协调这三个要素的能力	元素理论
Lane 等人（2006）	吸收能力不仅仅是一种静态的能力，而是一个动态的过程，需要不断地学习和适应	管理过程理论

文献中对于吸收能力的定义呈现出多元化特征。Cohen 和 Levinthal（1990）将其定义为企业识别新外部信息价值、吸收并应用于商业目的的能力。而 Zahra 和 George（2002）则强调吸收能力涉及企业获取、吸收、转化及利用外部知识

的全过程。Lane 和 Lubatkin（1998）指出，吸收能力不仅是单次事件，而是一个动态、持续的过程，涵盖新知识的获取与整合。

尽管吸收能力研究已取得显著成果，但仍面临诸多挑战。其一，吸收能力的度量与评价仍显困难。鉴于其多维性及涉及多个过程与组织能力的特性，如何精确衡量其水平成为亟待解决的问题。其二，吸收能力与组织创新、绩效等之间的深层次关系仍需深入探究。尽管已有研究表明吸收能力对组织创新和绩效具有积极影响，但其具体作用机制与路径仍需进一步明晰。

吸收能力作为一个核心概念，在多个学科领域中都得到了广泛的关注和研究。它不仅描述了企业等实体在知识获取和利用方面的能力，也反映了这些实体在面对外部知识时的动态适应过程。

（二）影响吸收能力的因素

知识吸收作为外部知识内化为组织内在认知的过程，其效能不仅受到知识本身属性的制约，还深受企业自身条件以及内外知识匹配程度等多重因素的影响。本文在梳理现有研究的基础上，选取了一系列具有代表性和典型性的研究进行探讨。

首先，吸收能力深受吸收主体自身条件的影响。这些条件包括但不限于其先前的知识与经验积累、认知能力的高低以及学习动机的强弱（Yin 和 Hsu，2018）。此外，组织层面的因素，诸如组织文化、领导力以及资源分配，亦在塑造吸收能力方面扮演重要角色（Todorova 和 Durisin，2007）。吸收主体的社会网络亦对其获取和应用外部知识的能力产生深远影响（Li 等人，2021）。进一步地，吸收主体的规模和成熟度同样影响其吸收能力，规模更大、成熟度更高的组织往往因其更为丰富的资源和经验积累而展现出更强的吸收能力（Kale 和 Singh，2007）。同时，监管和制度环境，如知识产权法规和政府政策，亦可通过影响组织间的知识流动进而影响其吸收能力（Jain 等人，2019）。

现有文献揭示吸收能力是一个极为复杂的现象，它受到一系列因素的共同影响。吸收主体自身的条件在形成吸收能力方面固然关键，但组织层面的因素、社会网络、规模与成熟度以及监管和制度环境同样不可忽视。深入理解这些因素有助于组织制定更为精准的战略，从而增强其吸收能力，提高其对外部知识的获取和应用效率。

此外，知识与吸收主体之间的匹配程度亦对吸收能力产生重要影响。这种匹配程度主要体现在技术相似度和技术差距两个方面。文献指出，"匹配"是影响吸收能力的核心要素之一。例如，Jaffe（1989）在研究大学研发活动对地方产业创新活动的影响时发现，研究型大学对地方企业的知识溢出效应受到研究强度和技术匹配程度的双重影响。Szulanski（1996）进一步指出，"内部黏性"可能源于现有知识与新信息之间的不匹配。这一观点得到了 Lane 和 Lubatkin（1998）的支持，他们认为相对吸收能力——即从合作伙伴那里吸收知识的能力，受到公司与合作伙伴之间知识基础匹配程度的制约。同样，Lavie 等人（2010）认为，组织内部和组织之间的知识探索和利用效率取决于所转移知识与接收方吸收能力之间的匹配程度。Li 等人（2018）的研究则发现，吸收能力与国际合资企业的绩效呈正相关关系，且当合作伙伴之间的知识基础匹配时，这种关系更为显著。最后，Choi 和 Lee（2018）的研究证明，先前的成功经历能够调节外部知识搜索与创新绩效之间的关系，表明先前的成功经历有助于提升知识与吸收主体之间的匹配度，从而增强外部知识的吸收效果。

吸收能力在创新绩效和企业扮演着至关重要的角色。学者们普遍认为，吸收能力是指组织识别新的外部知识的价值、将其内化并应用于商业目的的能力。这种能力受到多种因素的共同影响，包括先前的成功经历、社会资本、网络关系以及知识与吸收主体之间的匹配程度等。此外，文献还强调了组织内部和跨组织间知识探索与利用的重要性。因此，对于寻求提升创新绩效和参与成功的国际合资企业的组织而言，深入理解并优化其吸收能力具有重要意义。

（三）吸收能力的分类

Zahra 和 George（2002）将吸收能力划分为现实吸收能力与潜在吸收能力两个维度。现实吸收能力聚焦于企业对外部知识的利用和应用能力，即企业如何有效转化和整合外部知识为自身所用；而潜在吸收能力则侧重于企业对外部知识的识别与吸纳能力，即企业如何敏锐地觉察并吸收外部新知识。

在学术探讨中，部分学者持互补互促的观点，认为潜在吸收能力是现实吸收能力的基础，二者相辅相成（Liu 和 White，2001）。然而，亦有学者提出，尽管潜在吸收能力至关重要，但它对于现实吸收能力而言可能并不足够，组织文化、知识基础设施等其他要素同样扮演着举足轻重的角色（Zahra 和 George，2002）。此外，还有研究表明，这两个概念之间的关系可能是非线性和动态的，潜在吸收能力和现实吸收能力彼此影响，相互作用，随着时间的推移而不断演化（Lane 等人，2006）。

Lane 等人（2006）进一步深化了这一分类，他们指出实际吸收能力与企业当前的知识储备紧密相关，反映了企业当前的知识水平和应用能力；而潜在吸收能力则依赖于企业识别和利用新机遇的能力，体现了企业的前瞻性和创新能力。Inkpen 和 Tsang（2005）在研究联盟中的知识转移时，也采用了实际/潜在吸收能力的区分，并强调实际吸收能力虽然是成功知识转移的必要条件，但并非充分条件，潜在吸收能力在识别和选择相关知识中发挥着不可或缺的作用。

Li 等人（2018）在研究中采用了类似的概念框架，区分了知识的吸收和同化两个过程，并发现潜在吸收能力相较于实际吸收能力，对知识同化的影响更为显著。最后，Jansen 等人（2005）指出，那些在实际和潜在吸收能力上都表现出色的企业，更能够从外部知识中创造和获取价值，进而更有可能在市场竞争中获得持续的竞争优势。

吸收能力的分类不仅有助于我们深入理解企业如何管理和利用外部知识，还为企业制定有效的知识管理策略提供了重要的理论支撑。

（四）吸收能力的测量

评估组织的吸收能力对于有效利用和开发其知识资源具有至关重要的意义。然而，尽管吸收能力的重要性已得到广泛认可，但关于如何精准度量该能力的研究尚未达成共识（Li 等人，2020）。学术界通常采取以下两种策略来度量吸收能力。

首先，通过客观量化指标来衡量吸收能力。由于吸收能力作为一种无形资产，难以直接观察，因此，学者们试图通过一系列客观指标来反映其水平。这些指标包括但不限于研发支出占销售收入的比例、专利持有数量以及技术人员在员工总数中的占比等（Liu 等人，2020）。研发支出作为衡量吸收能力的一个常用指标，在文献中得到了广泛引用。Lane 和 Lubatkin（1998）认为，研发支出能够较好地反映企业吸收外部知识的能力。然而，也有批评声音指出，仅依赖研发支出作为衡量吸收能力的标准过于简化，可能无法全面反映知识吸收和创新的复杂过程（Becker 和 Dietz，2004）。因此，研究人员正致力于开发更为细致和全面的度量方法，以期更准确地捕捉组织在知识获取和利用方面的多种表现（Wagner 等人，2022）。此外，Hanel 和 St-Pierre（2006）提出，度量吸收能力时应充分考虑行业背景和测量目的，以提高测量的针对性和有效性。

其次，利用李克特量表进行度量。李克特量表在吸收能力的测量中得到了广泛应用（Sánchez 等人，2018）。这些量表通过问卷调查的形式，收集受访者对组织吸收能力的主观评价，进而量化分析。Teece 等人（1997）认为，李克特量表在衡量吸收能力方面具有独特的优势，因为它们能够量化企业对新知识的吸收程度。然而，该方法的可靠性和有效性也受到一些学者的质疑（Jansen 等人，2005）。由于李克特量表基于主观评估，其结果可能受到受访者个人偏见和认知偏差的影响，从而无法准确反映组织的真实吸收能力。为弥补这一缺陷，一些研究尝试结合客观测量方法，如专利引文分析，来增强度量的准确性和客观性（Mowery 等人，2002）。尽管李克特量表在吸收能力度量方面存在局限性，但它们仍为研究人员提供了有用的工具。关键在于将其与其他度量方法相结合，并谨慎解释分析结果（Jansen 等人，2005）。

从现有文献来看，Cohen 和 Levinthal（1990）率先以研发活动作为吸收能力的度量基础，随后众多学者采用强度指标来衡量吸收能力。然而，由于吸收能力本质上具有多维性，单一指标的度量往往难以全面、系统地反映其内涵。此外，尽管量表法能够较好地解决多维变量的度量问题，但量表设计的主观性较强，给不同研究之间的比较带来了挑战。

六、变量之间的关系研究

（一）大学知识溢出与企业创新绩效的关系

关于大学知识溢出与创新绩效之间的关系，国内外学者已进行了深入的探讨。Stephanie Monjon（2003）的研究揭示了大学知识溢出在模仿现有技术企业创新过程中的重要性。诸多文献均显示，大学到企业的知识转移能显著增进后者的创新绩效，特别在高科技行业内这一效果尤为显著（Agostini 和 Nosella，2021）。研究发现，校企合作不仅是创新的重要推动力，更为企业开辟了新的知识获取途径，从而推动新产品和服务的开发（Barge-Gil 等人，2019；Lundvall 和 Nielsen，2021；Roper 等人，2018）。大学通过孕育新的思想、产品和服务，以及优化既有流程和产品，积极促进企业的创新活动（Kafouros 等人，2018；Lockett 等人，2018）。这些积极效应已在技术密集型行业中得到实证支持（Laursen 和 Salter，2018）。总体来看，文献普遍认可大学与产业合作在促进知识转移和提升企业创新绩效中的关键作用，进而推动新产品和服务的开发、新企业的创立以及现有企业的升级（Vanhaverbeke 等人，2019）。

然而，学术界对此亦存在不同声音。Lööf 和 Broström（2018）的研究指出，知识溢出亦为企业带来一系列挑战，如加剧竞争和模仿，这些因素可能阻碍创新进程。Li 等人（2019）亦发现，尽管大学知识溢出可增强企业的创新绩效，但同时也会加剧市场竞争，并可能引发其他掌握相同知识的企业的模仿行为。Ranga 和 Etzkowitz（2019）则提出，知识溢出可能带来知识所有权稀释等挑战，使企业在利用创新成果时面临困难。此外，Tavassoli 和 Karlsson（2019）认为，对于中小企业而言，知识溢出的益处可能有限，因为它们可能缺乏有效吸收和构建知识的必要能力和资源。

文献普遍认为大学知识溢出能够提升创新绩效，但同时也必须正视其所带来的挑战。这些挑战要求企业在利用大学知识溢出时，需综合考虑竞争环境、知识管理策略以及自身吸收能力等多方面因素。

在知识溢出的分类中，显性与隐性之分构成了其内在差异性。显性知识溢出作为一类可直接、无成本地在任何时间、任何地点获取的知识形式，通常借助书籍、互联网、媒体等媒介，甚至是人与人之间的直接交流实现传播。众多文献研究已对显性知识溢出如何影响企业创新绩效进行了深入探讨。主流观点之一认为，大学的显性知识溢出对提升企业的创新绩效具有显著作用，特别是在技术密集型行业表现得尤为突出（Agostini 和 Nosella，2021）。Barge-Gil 等人（2019）的实证研究亦揭示了校企合作与企业创新绩效之间存在的正相关关系，其中大学的知识资源被视为创新的重要驱动力。同样，Lundvall 和 Nielsen（2021）亦指出，校企合作在提高企业创新能力方面扮演着至关重要的角色，这是因为这种合作为企业提供了获取新知识的途径，进而推动了新产品和服务的开发。

然而，另一种观点则指出，对于中小企业而言，显性知识溢出的益处可能相对有限。这些企业可能由于自身吸收能力和资源的限制，难以有效地利用和构建知识（Tavassoli 和 Karlsson，2019）。此外，知识溢出也可能为企业带来一系列挑战，如竞争加剧和模仿行为增多，这些都可能对创新活动构成阻碍（Lööf 和 Broström，2018）。Li 等人（2019）的研究发现，尽管大学的知识溢出有助于提升企业的创新绩效，但这也可能带来诸如市场竞争加剧和同行业内其他企业的模仿行为等挑战。

文献分析表明显性知识溢出对企业创新绩效具有正向影响，特别是在技术密集型的行业中表现尤为显著。然而，知识溢出同样伴随着一系列挑战和限制，如竞争和模仿的加剧，以及知识所有权的稀释，这些都可能对中小企业的利益产生有限的影响。

在文献中，有一种普遍观点认为隐性知识溢出能够显著提高企业的创新绩效。例如，Kuusk 和 Masso（2021）的研究发现，来自同一行业技术工人的隐性知识溢出对企业的创新绩效具有正向影响。同样，Guan 和 Ma（2020）也提出，组织间网络和合作所产生的知识溢出能够积极影响企业的创新绩效，尤其在高科技行业中表现更为突出。Zhang 和 Li（2020）的研究进一步证实了大学隐性知识溢出对提高企业创新绩效的积极作用。此外，Roper 和 Hewitt-Dundas（2020）也指出，企业间的合作能够推动隐性知识的溢出，进而提升创新绩效。Wang 等人（2021）的研究则聚焦于外国企业对新兴经济体中国内企业隐性知识溢出的影响，他们发现这种溢出效应不仅为企业提供了获取新知识和资源的途径，还促进了新产品和服务的开发。此外，Kafouros 等人（2018）的研究表明，隐性知识溢出可以成为企业竞争优势的重要来源，参与国际知识网络的企业更有可能从隐性知识溢出中获益，进而提升创新绩效。

然而，也有学者对隐性知识溢出的影响持谨慎态度。例如，Lee 等人

(2020)认为过度的知识溢出可能侵蚀企业的专有知识，从而降低其竞争优势和创新绩效。此外，一些研究者还指出，隐性知识溢出的测量和量化存在困难，这使得企业难以有效地利用这些溢出效应（Kukko等人，2020）。

文献分析表明隐性知识溢出对企业创新绩效具有积极影响，特别是在企业积极参与协作和知识网络、促进隐性知识共享的情况下。

基于上述文献综述和理论分析，本研究提出以下研究假设：

假设1：大学知识溢出与企业创新绩效之间存在正相关关系。

假设1a：显性知识溢出对企业创新绩效具有正向影响。

假设1b：隐性知识溢出对企业创新绩效具有正向影响。

（二）知识溢出与知识吸收能力的关系

在学术界，对于企业创新绩效的决定因素，众多学者达成了共识：企业的创新绩效并非单纯由其积累的知识总量所决定，而是更多地依赖于其将知识有效转化为实际行动的能力（Alavi和Leidner，2001；Argote等，2003；阿里，2005）。近年来，知识溢出与知识吸收能力之间的关联受到了广泛关注，成为创新管理领域的研究热点。

知识溢出作为一种非市场性的知识转移方式，被认为是提升知识吸收能力的关键因素。诸多研究表明，知识溢出对吸收能力具有积极影响。例如，Gao等人（2021）的研究显示，大学和研究机构的知识溢出能够显著增强企业的吸收能力，进而推动创新绩效的提升。Wang等人（2020）亦指出，组织间的紧密合作是促进知识溢出的有效途径，这种合作不仅能够为企业带来新的知识资源，还能有效增强其吸收能力。此外，Yang和Li（2018）以及Li和Liu（2021）的研究也证实了知识溢出对吸收能力的正向影响，他们发现外国企业的知识溢出能够积极促进新兴经济体国内企业的吸收能力发展。

进一步地，一些学者指出，知识溢出通过为企业提供获取新知识和资源的渠道，丰富了企业的知识库，提高了其获取知识的多样性和质量。Zhang等人（2020）认为，大学的知识溢出为企业带来了更多元化的知识资源，从而有助于提升企业的吸收能力。Zhou等人（2020）则发现，产业集群内的知识溢出使得企业能够接触到更多的前沿知识和技术，进而提升了其吸收能力。

此外，知识溢出还在塑造企业内部文化方面发挥着重要作用。Yoon和Park（2021）指出，知识溢出能够激发企业内部的知识探索和开发活动，培育出一种以学习为导向的企业文化，这种文化反过来又能够进一步提升企业的吸收能力。

并非所有研究都支持知识溢出对吸收能力的积极影响。Chen和Zhou（2018）的研究发现，知识溢出对吸收能力的影响因企业初始吸收能力水平而异。

对于吸收能力较弱的企业，知识溢出可能产生显著的正面效果；但对于已经具备高水平吸收能力的企业，知识溢出的影响可能相对较小甚至无关紧要。更为复杂的是，Kukko 等人（2020）指出，过度的知识溢出可能导致信息过载，反而抑制了企业的吸收能力，使其难以有效吸收和利用新知识。

总体而言，尽管存在争议和复杂性，但现有文献普遍支持知识溢出对吸收能力的积极影响。特别是当企业积极参与知识共享的合作和知识网络时，知识溢出为其提供了宝贵的知识资源，增强了其吸收能力，并促进了企业内部学习型文化的形成。

在探讨知识溢出与吸收能力的关系时，我们还需要关注知识的不同形式，如显性知识和隐性知识，它们对吸收能力的影响机制可能有所不同。显性知识通常易于编码和传播，而隐性知识则更多依赖于个人经验和直觉。对于显性知识与现实吸收能力、潜在吸收能力的关系，以及隐性知识与现实吸收能力的关系，目前的研究尚显不足，需要更多的学者深入探索。

对于显性知识溢出与现实吸收能力的关系，尽管研究较少，但已有学者提出显性知识溢出因其易于编纂和转移的特性，可能对现实吸收能力产生积极影响（Chen 等人，2017）。类似地，显性知识溢出对潜在吸收能力的影响也被认为是积极的，特别是在适当的知识管理系统和组织结构的支持下（Song 和 Wang，2021；Wei 和 Jiang，2018）。然而，这些观点仍需更多的实证研究加以验证。

隐性知识与现实吸收能力之间的关系同样复杂而重要。隐性知识作为吸收能力的关键组成部分，其难以表达和编纂的特性使其在创新过程中发挥着不可替代的作用。因此，深入探究隐性知识与现实吸收能力之间的作用机制，对于理解企业创新过程具有重要意义。

因此，本研究提出以下假设：
假设 2：大学知识溢出正向影响知识吸收能力。
假设 2a：显性知识溢出正向影响潜在知识吸收能力。
假设 2b：显性知识溢出正向影响现实知识吸收能力。

（三）吸收能力与企业创新绩效的关系

在应对外部风险和挑战的过程中，企业管理知识与能力的重要性不言而喻。企业需精准界定所需知识类型，探索知识获取途径，并高效应用这些知识，以实现创新的成功并获取竞争优势（Seidler de Alwis 和 Hartmann，2008；Denford，2013；McAdam 等人，2014；阿提亚和埃萨姆·埃尔丁，2018；Masa'deh 等人，2019；Haider 和 Kayani，2020）。

文献中对于吸收能力与企业创新绩效之间的关系进行了深入探讨。吸收能力被证实对创新绩效具有积极影响，具备较强吸收能力的企业更擅长识别外部知识并将其融入创新流程之中。例如，Zahra 和 George（2002）指出，吸收能力作为创新绩效的关键决定因素，使得企业能够有效利用外部知识源，进而创造出新颖的产品和服务。同样，Lane 和 Lubatkin（1998）亦强调吸收能力在驱动创新绩效中的核心作用，它允许企业识别并吸纳来自外部的新知识。

部分学者进一步强调了吸收能力在特定环境下对创新的促进作用。例如，Lin 等人（2010）研究发现，吸收能力对高科技产业的创新绩效具有正向效应。在新兴经济体背景下，Cai 等人（2016）认为吸收能力是创新绩效的关键决定因素，因为这类经济体中的企业通常面临着较大的知识鸿沟和资源约束。

尽管吸收能力与创新绩效之间呈现出正相关关系，仍有学者探讨了影响这种关系的因素。Lane 和 Lubatkin（1998）指出，吸收能力依赖于企业的内部知识库，而内部知识库的丰富程度会影响企业识别与整合外部知识的能力。Wang 和 Zhang（2012）进一步认为，组织层面的因素，如组织学习机制和知识管理过程，同样会影响吸收能力与创新绩效之间的关系。

研究表明，现实吸收能力与企业创新绩效之间存在正相关关系。Chen 和 Huang（2017）认为，现实吸收能力是企业有效吸收与利用外部知识以提升创新绩效的关键能力。他们提出，现实吸收能力可通过组织学习过程以及从失败中汲取教训的意愿来培养。Zhang 等人（2021）的研究发现，现实吸收能力通过促进外部知识的获取与利用，对创新绩效产生积极影响。他们指出，拥有较高现实吸收能力的企业更能有效识别与评价外部知识源，选择并吸收有价值的知识，并将其与现有知识重新组合，从而产生新的创新成果。Lee 和 Kim（2020）则认为，现实吸收能力与创新绩效之间的关系受到组织双元性的调节。他们认为，具备高水平现实吸收能力和组织双元性的企业更有可能成功地将创新引入市场。

现实吸收能力是企业创新绩效的重要预测因素。那些能够有效吸收与利用外部知识，并将其与内部知识相结合的企业，更有可能创造出新颖且富有创新性的产品和服务。然而，现实吸收能力与创新绩效之间的关系可能受到其他因素，如组织双元性的影响。

此外，多项研究表明，潜在吸收能力与创新绩效之间存在正相关关系。例如，Huang 和 Wu（2018）发现，潜在吸收能力对企业创新绩效具有积极影响，因为它使企业能够识别外部知识并将其整合到内部知识库中，从而推动创新产品和服务的开发。He 和 Wong（2020）的研究也表明，潜在吸收能力对创新绩效具有积极影响，特别是在新兴经济体背景下，企业更加依赖外部知识源。他们认为，具备较高潜在吸收能力的企业更有可能开发出满足当地市场需求的新产品和服务。此外，Chen 等人（2017）提出，潜在吸收能力可以促进外部知识转化为可应用于新情境的有价值资产和能力。这一转化过程对于企业开发新产品和服务至关重要，这些产品和服务能够创造价值并增强企业在市场上的竞争力。

总体而言，这些研究表明，潜在吸收能力通过使企业识别与吸收与其现有知识库相关的外部知识，并促进这些知识的转化，从而对企业的创新绩效产生积极影响。

因此，本研究提出以下假设：

假设3：知识吸收能力正向影响企业创新绩效。

假设3a：潜在吸收能力正向影响企业创新绩效。

假设3b：现实吸收能力正向影响企业创新绩效。

（四）知识吸收能力在知识溢出与企业创新绩效之间的作用

从企业知识管理的视角来看，企业知识吸收能力作为一种核心能力，能够促进外部知识内化为企业自身的知识存量。在这一过程中，企业自身的知识存量与外部知识溢出量共同构成了企业知识库的基础，并相互制约、共同影响企业的知识积累与利用。随着知识的不断增加，企业能够更好地消化和内化这些知识储备，进而为获取更多外部知识提供动力。因此，企业应当积极寻求外部知识的消化与吸收。

由于企业自身知识基础和知识结构的局限性，企业在吸收知识溢出方面往往面临挑战。为了解决这一问题，企业必须致力于提升知识储备，并优化其知识结构。通过这一途径，企业能够突破原有知识结构的束缚，提升知识消化的效率与效果。Cohen和Levinthal（2001）指出，企业知识消化是一个复杂的过程，涉及将外部获取的知识有效内化为企业的知识储备。因此，企业的知识储备不仅是知识消化的基础，更是其关键要素。而知识储备的增长，则主要依赖于集群内外知识溢出的有效吸收与利用。

大量研究表明，知识吸收能力在知识溢出与企业创新绩效之间扮演着至关重要的角色。例如，Kafouros等人（2018）的研究显示，企业的吸收能力对于有效吸收和利用知识溢出至关重要，进而能够显著提升其创新绩效水平。此外，研究还揭示，企业的吸收能力可以通过内部研发活动、外部合作等多种途径得到增强。Zhang等人（2019）的研究进一步指出，吸收能力在知识溢出与创新绩效之间具有中介作用，这意味着吸收能力越强的企业，越能够成功地将知识溢出转化为具有市场竞争力的创新产品和服务。他们进一步建议，通过实施知识管理和培训计划等组织实践，可以有效促进吸收能力的发展。

Xu和Wang（2019）以及Huang等人（2021）的研究聚焦于中国企业，他们发现吸收能力在外部知识获取与创新绩效之间同样发挥着中介作用。这些研究强调了吸收能力在识别、吸收和应用外部知识过程中的关键作用，并指出通过提升吸收能力，企业能够更好地利用外部知识资源，进而推动创新绩效的提升。

一些研究认为吸收能力在知识溢出与创新绩效之间起中介作用，但也有研究指出其可能起调节作用。例如，Zhang 和 Li（2021）的研究表明，在中国企业的情境中，吸收能力调节了知识溢出与创新绩效之间的关系。他们发现，吸收能力能够增强企业吸收和利用外部知识的能力，从而使吸收能力较强的企业更有可能从知识溢出中获益。类似地，Li 和 Li（2020）在跨境并购的背景下探讨了吸收能力的调节作用，发现吸收能力有助于企业克服文化和制度障碍，成功吸收外国企业的知识溢出。Wang 等人（2019）的研究也支持了吸收能力的调节作用，他们发现吸收能力能够正向调节知识溢出对创新绩效的影响，表明吸收能力越强的企业，其利用外部知识驱动创新的能力也越强。

尽管文献中关于吸收能力在知识溢出与创新绩效关系中的确切作用存在一些争议，但这些争议恰恰凸显了进一步研究的必要性。显然，吸收能力是企业从外部知识资源中获益的关键能力。通过深入研究吸收能力的作用机制，我们可以更全面地理解企业在知识溢出背景下的创新过程，并为企业制定有效的创新战略提供理论支持。此外，吸收能力的发展可以通过多种组织实践来实现，包括加强内部研发活动、拓展外部合作、优化知识管理和实施有针对性的培训计划等。

现实吸收能力，即企业有效识别、内化外部知识并转化为创新产出的能力，在显性知识溢出与企业创新绩效的关联中扮演着核心角色。Wang 和 Li（2019）等学者的研究均指出，现实吸收能力不仅直接促进了显性知识溢出的有效利用，更在二者间发挥了中介效应，显著提升了企业的创新绩效。Zhang 和 Li（2021）进一步证实，在吸收能力较强的企业中，这种正向影响更为显著。Sun 和 Wang（2019）的研究亦强调了现实吸收能力在显性知识溢出转化为创新绩效过程中的正向调节作用。因此，可以推断，现实吸收能力在显性知识溢出与创新绩效间具有显著的中介与强化作用，有助于企业更有效地利用外部知识资源，提升创新表现。

随着研究的深入，现实吸收能力在隐性知识溢出与企业创新绩效关系中的作用逐渐受到重视。隐性知识溢出，由于其难以编码和传递的特性，其吸收与利用对企业创新能力的考验更为严峻。然而，现实吸收能力作为企业识别与内化外部知识的核心能力，为隐性知识溢出的有效转化提供了可能。Zhang 和 Zhou（2019）、张艳等人（2017）以及 Chen 等人（2018）的研究均显示，现实吸收能力在隐性知识溢出与创新绩效间起到了关键的中介作用。Li 等人（2019）更是明确指出，在吸收能力较高的企业中，隐性知识溢出对创新绩效的促进效应更为显著。这表明，现实吸收能力不仅有助于企业识别与吸收隐性知识，更能通过其转化应用,显著提升企业的创新绩效。

潜在吸收能力,作为企业先验知识与能力的体现,在显性知识溢出与创新绩效的关联中扮演着不可或缺的角色。已有研究如 Guan 和 Ma(2003)、Kafouros 等人(2008)以及刘等人(2011)均表明,潜在吸收能力与企业创新绩效呈正相关关系,且在显性知识溢出与创新绩效间发挥了中介作用。Kafouros 等人(2008)特别指出,在高科技企业中,潜在吸收能力对于识别、吸收显性知识溢出并转化为创新产出的过程至关重要。Liu 等人(2011)的研究也显示,在中国企业中,潜在吸收能力在外部知识获取与创新绩效间起到了关键的中介作用。因此,潜在吸收能力不仅反映了企业吸收外部知识的潜能,更是实现显性知识溢出向创新绩效转化的重要桥梁。

在隐性知识溢出与企业创新绩效的关系中,潜在吸收能力同样发挥着不可忽视的中介作用。潜在吸收能力作为企业内在的一种能力,有助于企业识别、吸收并转化外部的隐性知识溢出。Li 和 Liu(2014)的研究表明,在中国企业中,潜在吸收能力对隐性知识溢出与创新绩效之间的关系具有正向影响,揭示了其在隐性知识溢出转化过程中的关键作用。Roper 等人(2008)的研究也指出,在英国制造业企业中,潜在吸收能力在知识溢出和创新绩效间起到了中介作用。此外,Wang 和 Zhao(2018)以及 Zeng 和 Yu(2019)的研究进一步证实了潜在吸收能力在隐性知识溢出与创新绩效间的中介效应,强调了其在企业创新过程中的重要性。因此,潜在吸收能力不仅有助于企业识别与吸收隐性知识,更能通过其转化应用,显著提升企业的创新绩效。

综上所述,现实吸收能力与潜在吸收能力在知识溢出与企业创新绩效的关系中均扮演着重要角色。前者关注于当前企业对外部知识的识别与吸收能力,后者则侧重于企业的先验知识与能力。两者共同作用于企业的创新过程,促进了知识溢出向创新绩效的有效转化。因此,企业在提升创新绩效的过程中,应同时注重培养和提升这两种吸收能力,以更好地利用外部知识资源,推动企业的创新发展。

因此,本研究提出了以下假设:

假设4:吸收能力在大学知识溢出与企业创新绩效之间存在中介效应。

假设4a:现实知识吸收能力在显性知识溢出与企业创新绩效的关系中起中介作用。

假设4b:现实知识吸收能力在关系隐性溢出与企业创新绩效之间起中介作用。

假设4c:潜在吸收能力在显性溢出与企业创新绩效之间起中介作用。

假设4d:潜在知识吸收能力在关系隐性溢出与企业创新绩效之间起中介

作用。

表2.5是本研究的假设总结。

◆ 表2.5 研究假设总结

研究目标	假设陈述
目标1：研究大学知识溢出与企业创新绩效之间的关系	H1：大学知识溢出与企业创新绩效呈正相关 H1a：显性知识溢出正向影响企业创新绩效 H1b：隐性知识溢出正向影响企业创新绩效
目标2：考察大学知识溢出与知识吸收能力之间的关系	H2：大学知识溢出对知识吸收能力有正向影响 H2a：显性知识溢出正向影响潜在的知识吸收能力 H2b：显性知识溢出正向影响现实知识吸收能力
目标3：研究知识吸收能力与企业创新绩效之间的关系	H3：知识吸收能力对企业创新绩效有正向影响 H3a：潜在吸收能力对企业创新绩效有正向影响 H3b：现实吸收能力对企业创新绩效有正向影响
目标4：考察知识吸收能力在大学知识溢出关系中的中介作用	H4：吸收能力在大学知识溢出与企业创新绩效之间具有中介作用 H4a：现实知识吸收能力在显性知识溢出与企业创新绩效之间起中介作用 H4b：现实知识吸收能力在隐性知识溢出与企业创新绩效之间起中介作用 H4c：潜在吸收能力在显性溢出与企业创新绩效之间起中介作用 H4d：潜在的知识吸收能力在隐性溢出与企业创新绩效之间起中介作用

七、研究述评

研发与技术创新的外部性特征显著，知识溢出作为其中的重要表现，其知识载体主要涵盖企业与高校研发机构。当前，针对企业知识溢出的研究多聚焦于经济活动集聚所带来的成本外部性和技能劳动力库效应，如外国直接投资企业进入东道国所引发的工业技术进步现象（Blomsrm和Kokko，1998）。同时，产业园区的溢出与集聚效应亦被视为提升园内企业生产力的重要因素（Zhengetal，2017）。

关于高校科研院所知识溢出的探讨，则主要从两方面展开。首先，大学作为研发的主体，通过参与研发活动、合作、学术会议、专业培训及成果展示等方式，将知识传播至校园及实验室之外（Anselin等人，2000；Feldman和Francis，2002）。这一过程中，大学为企业提供的服务显著体现了知识溢出效应，特别是研究型大学，通过校企合作，为企业构建了丰富的知识库（赵勇和白永修，2009）。其次，高校的教育功能独特，为经济领域输送了专业的研究人员。这些研究人员不仅具备专业技能，更承载着相关领域的创新思想和研发意图，从而形成基于技能的劳动力库效应。

尽管上述文献为我们理解企业创新路径及大学对知识溢出的影响提供了宝贵的思路与参考，但在具体研究方法和机制上仍存在诸多不足。因此，未来的研究需在这些环节进行深入探索与补充，以期更全面、深入地揭示知识溢出的内在机制及其对经济社会发展的深远影响。

研究不足一：缺乏内生经济增长理论、知识管理理论和吸收理论相结合的企业创新绩效研究（Cheng 和 Hu，2019；Kianto 和 Kyläheiko，2017）。结合知识管理理论、吸收理论和内生增长理论来研究企业创新绩效的研究数量有限。尽管这些理论中的每一个都被广泛地单独研究，但这些理论的整合相对较新，文献中还没有深入探讨。内生经济增长理论强调知识和创新在促进经济增长中的作用（Romer，1990；Grossman-Helpman，1991）。而知识管理理论强调管理知识对提高组织绩效的重要性。例如，Wiig（1997）认为，知识管理对于通过实现知识的创建、获取、组织、存储、共享、使用和应用来提高组织绩效至关重要。Alavi 和 Leidner（2001）发现，知识管理系统与改进决策、减少重复工作和增加组织创新有关。同样，Grant（1996）认为，以知识为基础的资源和能力对组织竞争力和长期成功至关重要。总之，文献支持这样一种观点，即知识管理是组织绩效的关键驱动力。吸收理论强调了外部知识及其被企业吸收以提高其创新绩效的作用。因此，将这三种理论相结合，可以为研究知识管理实践对企业创新绩效的影响提供一个全面的框架。例如，程和胡（2019）指出，关于知识管理实践与创新绩效之间的关系，文献中仍存在空白，他们建议未来的研究应考察吸收能力和内生增长理论对这种关系的影响。同样，Kianto 和 Kyläheiko（2017）认为，需要一个综合知识管理、吸收能力和内生增长理论的综合框架，以更好地理解组织创新绩效的决定因素。因此，很明显，文献中缺乏将这三种理论相结合来研究企业创新绩效的综合研究。

研究不足二：需要更多的实证研究来检验知识溢出和吸收能力影响创新绩效的具体机制，如知识转移渠道和吸收能力建设过程的作用（Liu, J. 和 Gao, J.，2015；李，H.，张，Y.，Zhou, L.，2014；陈，J.，陈，Y. 和 Vanhaverbeke, W.，2017）。

研究不足三：企业创新绩效研究仍存在"黑匣子问题"。近年来，大量的中间变量被引入到大学知识溢出与企业创新关系的定量研究中，包括组织学习、知识获取和利用以及企业能力。显然，这些中间变量大多与知识管理有关，但知识管理的核心概念——吸收能力很少出现在中间变量的位置上。只有魏英（2006）、胡洁婉（2008）、郭桂林（2008）和刘璐（2009）以及严海峰、陈丽萍和沈金杰（2009）提到了这一概念。然而，他们要么将吸收能力视为"黑匣子"，要么是高校知识溢出维度划分不全面，要么是吸收能力的划分和维度之间的关系不明确。因此，如果我们能够进一步打开高校知识溢出和吸收能力这两个"黑匣子"，发现其更详细的作用机制，将更有利于深入研究和调查高校知识溢出、吸收能力与企业创新之间的关系。

八、研究理论框架

学术知识在企业界传播、消费和应用的过程漫长而复杂。大学是溢出知识的来源，而私营部门是溢出知识的接受者。高校面向企业的信息溢出只有在供需均衡的情况下才能成功实现。

在本研究中，建立了一个理论框架来探讨以下之间的联系。

本研究建立了一个理论框架来探讨以下关系：

（a）大学知识溢出影响企业创新绩效；

（b）知识吸收能力影响企业创新绩效；

（c）吸收能力在大学知识溢出影响与企业创新绩效之间的中介作用。

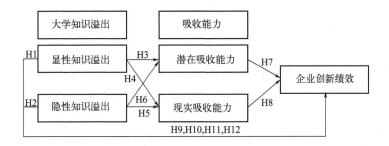

在本章中，我们回顾了关于大学间知识共享主题的文献，这种共享的结果是在工作场所实施新想法的有效性，以及其他相关主题。在第一部分中，作者提供了知识如何在学术界传播的高层次描述。本章的目标是利用广泛的资源来提出一个关于学术知识溢出如何影响知识吸收和产业创新的假设。下一章将讨论我们用来解决研究问题的方法。

第三章 研究方法

在本章中,我们详尽地阐述了本研究所采用的研究方法。随后,深入解析了本研究中运用的具体方法与工具,并对在方法选择、开发以及实施过程中所涉及的伦理问题进行了全面的探讨。通过这样的论述,旨在为读者提供一个清晰、系统的方法论框架,以便于理解和评价本研究的科学性与严谨性。

一、研究哲学框架

研究哲学作为研究和指导研究活动的根本和核心信念体系,扮演着至关重要的角色(Guba 和 Lincoln,1994)。霍尔顿和林奇(2004)深刻地指出,在决定研究的方法和对象之前,理解研究背后的哲学原理至关重要。他们进一步强调,为了在研究方法论上取得进展,确立研究哲学是不可或缺的第一步。著名哲学家卡尔·波普尔(Karl Popper)在其具有里程碑意义的著作《科学发现的逻辑》中,对科学研究进行了深入的剖析。他提出,科学研究的过程包括针对具体问题提出假设和猜想,随后根据事实对这些假设进行严格的检验,并在检验过程中不断修正或摒弃原有的假设。卡尔·波普尔(1959)认为,仅仅通过归纳法来总结规律并不能构成真正的科学。他进一步指出,区分"科学"与"非科学"的一个重要标准在于一个理论是否具有"可错性"。换言之,如果一个理论无法被证伪,那么它就不能被视为科学理论。这一观点强调了科学研究的开放性和可检验性,为研究者提供了判断其研究方法和结论是否科学的重要标准。

实证主义、解释主义、批判理论和实用主义作为社会科学与人文科学领域中的主流研究范式,受到了广大研究者的广泛认可(Guba,E. G. 和 Lincoln,Y. S.,1994)。实证主义主张通过科学的方法和经验数据的验证来揭示客观真理,致力于在严谨的研究设计中发掘现象背后的规律性本质。实证主义采纳了现象学的观点,将现象视为现实的直接反映,具有确定性、有用性、准确性、有机性和相对性等多重特性。作为哲学思潮的实证主义,体现了一种特定的哲学态度,即人类知识应当建立在经验观察的基础之上(Bryman,2012)。它坚信所有知识均源自对现象的直接经验观察，现象本身是认知活动的最终源泉（孔德，1830/1988）。实证主义强调科学知识的建构应当基于经验数据，通过系统地观察和实验来验证和推导科学规律。它主张从经验事实出发，反对仅凭理性推理来把握感官材料，并认为科学规律可以通过对现象的归纳得出。在实证主义看来，经验证据对于科学理论的构建和验证具有至关重要的作用。相对而言，解释主义则侧重于从个人视角出发，对社会现象进行主观解读，强调现实是由人类经验和社会互动所共同建构的。批判理论则采取一种更为激进和反思性的立场，致力于分析权力结构和社会不平等现象，旨在揭示隐藏在社会背后的权力运行机制，进而推动社会正义的实现。实用主义则强调理论在解决实际问题中的实用价值和有效性，主张理论应当灵活适应多变的环境需求，以解决实际问题为导向（Guba 和 Lincoln，1994）。

研究范式与研究者的本体论和认识论紧密相连。本体论涉及研究者对现实本质的根本信念和假设，它关乎现实存在的方式以及我们如何理解和解释世界。而认识论则关注知识的本质和获取途径，它研究我们如何认识和理解现实，以及知识的可靠性和有效性问题（Crotty，1998）。不同的研究范式基于不同的本体论和认识论假设，从而形成了各自独特的研究方法和视角。实证主义范式的研究者倾向于持有客观现实主义的本体论观点，认为存在一个独立于观察者意识的客观现实，并可通过科学方法加以揭示和认识（Babbie，2016；Creswell 和 Creswell，2018）。相反，建构主义范式的研究者则更强调现实的社会建构性，认为现实是通过社会互动和共享理解而构建的，知识具有情境性和主观性（Denzin 和 Lincoln，2017）。

本研究共设定了 11 个具体的研究目标和 11 个相应的假设，这些目标和假设的设定旨在为后续的数据收集、分析和解释提供明确的指导。值得注意的是，本研究旨在检验和验证现有理论的有效性和适用性，而非致力于发展或建立全新的理论思想。本研究的核心目的在于运用开放式创新理论和吸收理论构建的绩效模型，深入检验大学知识溢出对企业创新绩效的影响机制。为此，本研究提出了一系列假设。首先，我们假设大学知识溢出对企业创新绩效具有显著的正向影响，即大学作为知识生产和传播的重要机构，其知识溢出效应能够有效促进企业的创新活动和绩效提升。其次，我们进一步假设吸收能力在大学知识溢出与企业创新绩效之间扮演着中介变量的角色，即企业的吸收能力越强，越能够有效地吸收和利用大学的知识溢出，从而进一步提升企业的创新绩效。最后，我们还考虑了多维组织接近性作为控制变量对大学知识溢出和创新绩效的影响，以更全面地揭示影响机制。

在企业创新绩效研究领域，本体论通常建立在现实主义的立场上，即认为存在一个客观存在的现实,这个现实可以通过实证调查和科学方法进行揭示和描述。在这一本体论框架下,企业被视为具有自身独特特征和能力的实体,其创新绩效受到多种因素的影响,包括内部因素和外部环境的交互作用。定量研究认识论则以实证主义为基础,强调通过系统的数据收集和分析来揭示变量之间的关系和规律。这种方法假设存在一个可观察和测量的客观现实,研究者可以通过运用科学的方法和工具来收集和分析数据,从而得出关于现实世界的精确和可推广的知识。

在研究者的角色方面,采用定量研究强调客观性和中立性,力求减少主观偏见对研究结果的影响。研究者通过运用标准化的测量工具和数据分析技术,对样本数据进行处理和分析,以揭示变量之间的关联和因果关系。在方法层面,本研究采用定量研究方法,具体包括设计问卷、收集和分析数值数据等步骤。通过精心设计的问卷,我们旨在收集关于企业创新绩效、大学知识溢出、吸收能力以及多维组织接近性等相关变量的数据。随后,我们将运用统计分析技术对数据进行处理和分析,以揭示变量之间的模式和关系。

二、研究设计之构建与阐述

研究设计,作为研究方法论的核心支柱,其重要性在学术研究中显得尤为突出(Creswell,2014)。一般而言,研究设计可划分为三大流派:定性研究设计、定量研究设计以及融合两者的混合方法研究设计(Cohen,Manion和Morrison,2007;Creswell,2014)。

其中,定量研究设计,根植于实证主义方法论,致力于通过精确的事实判断来揭示现象背后的本质规律。根据Cohen等学者的论述(1980),定量研究以实证方法和实证陈述为基础,深入剖析社会现象。在此理论框架下,经验陈述特指那些对"现实世界"中"是什么"的描述性阐述,而非对"应该是什么"的价值性判断(尼尔森,2003)。

鉴于本研究的核心议题在于深入探讨大学知识溢出、知识吸收能力与企业创新绩效之间的内在逻辑关系,我们选择了定量研究设计作为研究的主要方法。该方法以数值数据为基石,通过系统的数据收集与深入分析,力求挖掘变量之间的潜在联系与规律。定量研究设计涵盖了诸如调查、实验和统计分析等多种研究方法。因此,本研究严格遵循定量研究的逻辑框架,通过一系列精心设计的步骤来组织研究活动。具体而言,我们首先根据研究目的明确调查目标,进而制定详尽的调查计划。随后,我们开展正式的调查活动,收集原始数据,并对数据进行严格的质量审核与处理。最后,借助统计分析工具,我们对数据进行深入剖析,以揭示变量之间的复杂关系。

如图 3.1 所示，本研究流程清晰地展示了从研究目标设定到数据分析的整个过程，确保了研究的系统性和科学性。这一设计不仅有助于我们深入理解研究问题的本质，更能保证研究结果的客观性和可靠性。

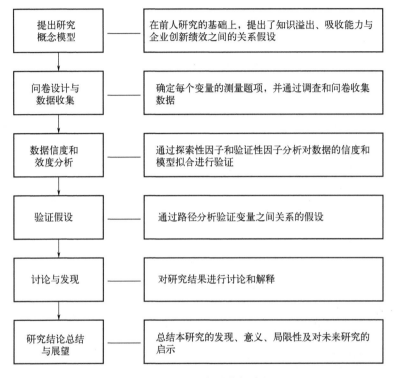

图 3.1 从研究目标设定到数据分析的过程

总体而言，本研究通过定量研究方法，旨在构建大学知识溢出、知识吸收能力与企业创新绩效之间的关系模型。这一模型不仅有助于我们深入理解这一复杂过程的内在机制，更能为优化和提升相关实践提供有力的理论支撑和实践指导。同时，定量研究的运用也确保了本研究的客观性，使得研究结果更具说服力。

三、样本总体和数据分析单位

（一）样本总体的界定与研究意义

在抽样调查的学术语境中，"样本总体"作为核心概念，是统计学和调查研究方法论的基石。它指的是在特定研究或调查范围内，研究者意图全面描述或分析的所有个体或单位的集合。这些个体或单位可能涵盖人、物体、事件或其他与研究主题紧密相关的实体。作为抽样与数据分析的出发点，样本总体不仅界定了研究的范围，还确保了研究的准确性和可靠性。

样本总体的确立是抽样调查过程中不可或缺的一环。由于资源的有限性和实际操作的复杂性，研究者通常无法对样本总体中的每一个个体进行详尽的调查或测量。因此，从样本总体中抽取具有代表性的样本成为研究的关键步骤。这一代表性样本的选取旨在通过对其数据的深入分析，能够有效地推断和反映样本总体的整体情况。

在本研究中，为了确保研究的科学性和有效性，研究者基于研究目的、样本总体的定义与范畴以及实际可行的资源和条件进行了综合考虑，以确保样本的代表性和可靠性，进而保障研究结论的准确性和有效性。

（二）本研究样本总体的具体构成

本研究聚焦于重庆四个国家高新区内的企业群体，这四个高新区分别是重庆国家高新区、永川国家高新区、璧山国家高新区、荣昌国家高新区。作为技术创新和经济发展的重要载体，这些高新区汇聚了大量的知识资产和创新资源，为大学知识溢出与企业创新之间的研究提供了理想的场景。

具体而言，这四个高新区内共计入驻企业 4162 家，这些企业在区域经济增长、产业融合、创新机制等方面发挥着重要的示范和引领作用。经过对高新区管理委员会提供的企业名单的仔细筛选，我们确定了 3058 家可能从大学获得知识溢出的企业作为本研究的目标群体，即本研究的样本总体。这些企业在数量上占据了总体的相当比例，同时在业务类型、技术水平和创新活跃度等方面也具有广泛的代表性。

通过对这一具有高度代表性的样本总体的深入研究，我们旨在揭示大学知识溢出与企业创新之间的内在联系，为相关政策制定和实践操作提供科学依据。这一研究不仅有助于深化我们对知识溢出机制的理解，还能够为促进企业创新和提高区域经济发展质量提供有益的启示。

（三）本研究的数据分析单位

在抽样调查的学术语境中，数据分析单位（Unit of Analysis）作为核心概念，指的是研究者在进行数据分析时所关注并处理的基本实体或观察对象。其清晰界定对于确保研究的准确性、一致性和有效性具有至关重要的作用。数据分析单位的选择不仅受到研究目的和研究设计的指导，还受到所关注变量特性的影响。它可能涵盖单个个体、家庭、组织、社区等与研究主题紧密相关的各类集合体。

在抽样调查过程中，数据分析单位的选择对数据的收集、处理和分析过程具有显著影响。首先，它决定了样本的抽取策略和规模，从而直接影响数据的代表性和可靠性。其次，数据分析单位的选择也决定了数据分析方法和工具的选择，如统计模型、回归分析等。此外，数据分析单位还直接关系到研究结果的解释和推论范围，进而影响研究的科学性和有效性。

根据 Babbie（2016）和 Sekaran（2011）等学者的观点，分析单位可以是任何与研究主题相关的实体或集合体，从单个个体到组织层面均可。在本研究中，旨在深入探讨企业创新及其相关因素，因此将从个别企业层面收集数据，并将企业作为数据分析单位。这种选择符合本研究的首要目标，即更深入地了解在企业创新中发挥作用及与之相关的因素。通过以企业为数据分析单位，我们可以更有效地利用数据资源，揭示企业创新机制的本质和规律，为相关领域的知识积累和实践应用提供有力支持。

四、本研究的抽样技术及其标准阐释

抽样技术及其标准在社会科学研究中占据着举足轻重的地位，它们不仅是确保研究结果有效性和可靠性的基础，还是科学推断总体特征的基石。在本文所开展的研究中，我们特别重视抽样技术及其标准的制定与实施，以期通过科学、合理的抽样方法，减少抽样误差，提高研究的科学性和准确性。

（一）本研究抽样标准的制定

首先，关于抽样标准的制定，本研究充分考虑了研究目的、总体特性以及可用资源等多方面因素。在本研究中，旨在探讨企业创新绩效的影响因素，因此，本研究选择的样本需具备足够的代表性，能够反映出企业创新的总体情况。同时，还需确保样本的有效性，即样本能够准确反映研究问题所需的信息。为此，研究者精心设计了调查问卷和量表，确保问题的针对性和数据的可获取性。此外，研究者注重样本的可靠性，通过一系列措施，如标准化调查过程、培训调查员、严格质量控制等，确保样本数据的稳定性和一致性。

在抽样方法的选择上，本研究根据总体的分布情况和研究问题的特点，采用了随机抽样和分层抽样等多种方法。随机抽样能够确保每个样本单位被选中的概率相等，从而保证样本的代表性。而分层抽样则能够根据不同特征将总体划分为若干层次，从每个层次中抽取样本，以提高样本的多样性和广泛性。这些抽样方法的综合运用，使本研究能够更加全面地了解企业创新绩效的实际情况。

在具体操作中，本研究还特别关注了行业的选择。鉴于行业是影响企业创新的重要前因变量，本研究选择了知识密集型或技术型企业作为研究的主要对象。这些企业通常具有较强的创新意识和创新能力，其创新活动和绩效具有较高的代表性，有助于深入探讨企业创新绩效的影响因素。

（二）本研究调查对象标准

此外，在选择大样本调查对象时，本研究还遵循了一系列严格的标准。首先，确保了受访公司的地域和类型多样性，涵盖了国有企业、民营企业以及中外合资企业等多种类型，以确保样本的代表性。其次，注重被调查者所在部门的多样性，涵盖了采购供应、综合管理、技术支持、客户服务、市场和研发设计等多个关键部门，以获取关于企业创新绩效的全方位信息。最后，主要选择了所在部门的中层管理人员和企业的高级管理人员作为受访者，他们通常对企业创新活动有深入的了解和认识，能够提供有价值的见解和信息。

本研究在抽样技术及其标准的制定上力求做到科学、合理和严谨。通过精心选择样本和遵循严格的抽样标准，为深入探讨企业创新绩效的影响因素奠定了坚实的基础。

（三）本研究的样本框架阐释

样本框架的构建扮演着举足轻重的角色，它是研究设计的重要组成部分，直接关系研究结果的精确性和可信度。样本框架旨在通过科学界定样本范围、精确确定样本单位以及合理选用抽样方法，为研究者提供一个清晰、明确的框架，以便深入、系统地探讨特定问题。

在本研究中，样本框架的构建遵循代表性、有效性、可靠性和可操作性等原则，以确保研究的科学性和准确性。代表性原则即所选取的样本能够充分反映总体的特征，避免由于样本偏差导致的研究结果失真。为实现这一目标，本研究在构建样本框架时，充分考虑了总体的分布特性及研究问题的特殊性，采用了合适的抽样方法和策略，以确保样本的多样性和广泛性。

有效性原则即强调样本应能够准确反映研究所需的信息，以支持研究假设的验证和理论模型的构建。为此，本研究在明确研究问题和目标的基础上，精心挑选了能够获取相关信息的样本单位，如企业中的中高层管理人员。这些样本单位具有丰富的管理经验和决策权，对于研究企业创新绩效的影响因素具有重要意义。同时，本研究还设计了科学合理的调查问卷或量表，以确保数据的精确性和有效性。

可靠性原则要求样本数据在不同时间或不同研究者的情况下应保持相对稳定和一致。为实现这一要求，本研究在样本框架构建过程中采取了一系列措施。首先，对调查过程进行了标准化处理，确保每个样本单位接受相同的调查程序和提问方式。其次，对调查员进行了严格的培训，以提高其专业素养和调查技能。此外,还实施了严格的质量控制措施,如数据清洗、异常值处理等,以确保数据的可靠性和稳定性。

可操作性原则也是本研究在构建样本框架时的重要考量因素。它要求样本框架在实际操作中易于实施和管理,以确保研究的顺利进行。为此,本研究在构建样本框架时充分考虑了可用资源、时间成本等因素,选择了既符合研究要求又切实可行的抽样方法和策略。例如,考虑研究对象的特殊性,本研究采用了简单随机抽样方法,从高新技术产业园区企业名单中抽取样本,既保证了样本的代表性,又降低了操作难度。

具体而言,本研究以高新技术产业园区企业的中高层管理人员为研究对象。高新技术产业园区作为科技创新的重要载体,其企业的创新绩效对于推动区域经济发展具有重要意义。而中高层管理人员作为企业决策的核心力量,对于企业的创新活动具有重要影响。因此,选择这一群体作为研究对象,有助于深入探究企业创新绩效的影响因素。

在样本框架构建过程中,本研究借鉴了 Gideon L.(2012)的观点,对总体进行了清晰准确的定义。同时,根据 Babbie E.(2016)的建议,本研究力求构建尽可能全面的样本框架,以确保所有潜在参与者均纳入研究范畴。这不仅有助于提高研究的代表性,还能够增强研究的可信度和普适性。

此外,本研究还参考了 Sekaran 和 Bougie(2010)的理论,认为随机抽样是偏差最小且泛化能力最强的抽样方法。因此,本研究以高新技术产业园区企业名单作为抽样框架,采用简单随机抽样方法,从 3058 家企业中抽取了具有代表性的样本。这种抽样方法既保证了样本的随机性和代表性,又能够降低样本偏差对研究结果的影响。

(四)抽样技术及其在本研究中的应用

抽样技术,特指概率抽样,依据其概率特性的不同,可细分为等概率抽样与不等概率抽样两大类别(Särndal、Swensson 和 Wretman,2003)。等概率抽样进一步涵盖简单随机抽样、分层抽样、聚类抽样、系统抽样以及多阶段抽样等多种方法(Babbie 和 Mouton,2021;Lohr,2019)。与之相对,不等概率抽样则包括简单不等概率抽样、分层不等概率抽样、不等概率聚类抽样、不等概率系统抽样以及多阶段不等概率抽样等形式(Lohr,2019)。

在调查研究实践中,等概率抽样因其在样本选择中的客观性和代表性而被广泛采用,并被誉为选择代表性样本的金标准(Cochran,1977;Lohr,2010;汤普森,2012)。它遵循概率论和随机原则,通过抽签或随机数表等方式从总体中抽取样本,确保每个样本单位被选中的概率相等。这种随机化的机械操作程序能有效排除人为因素的干扰，使样本更具客观性。虽然随机抽样样本并非完全等同于总体，但基于大数定律，抽样误差可以被计算和控制，从而确保样本统计值在多大程度上能够反映总体特性。据此，研究人员能够对总体进行定量的推断，并解释其性质和特征。

与等概率抽样相对，非概率抽样或不等概率抽样是调查者基于个人方便或主观判断选择样本的方法。由于缺乏严格的随机性，这种抽样方式无法确定抽样误差，也不能精确解释样本统计值与总体的关联程度。尽管其样本结果能在一定程度上揭示总体的某些性质和特征，但无法进行定量的总体推断。

本研究在抽样方法的选择上，遵循等概率抽样的原则，具体采用随机简单抽样方法。这一方法的应用前提在于，总体必须有明确的定义，且总体的完整列表必须可用。在本研究中，四大高新技术产业园区的企业总体名单易于从官网或管委会获取，满足了这一前提。此外，随机简单抽样要求每个样本单位被选中的机会均等，这在本研究的样本框架中得到了体现。同时，为确保样本能够准确估计总体参数，样本量必须足够大。

随机简单抽样方法的实施过程严谨而科学。首先，明确研究的目标群体和抽样单位，即高新技术产业园区企业的中高层管理人员。接着，制定详细的抽样计划，包括确定合适的样本容量和抽样方式。然后，通过随机数生成器等工具进行随机抽样，确保每个样本单位被选中的概率相等。最后，对抽取的样本进行深入的分析和推断，得出关于总体特性的结论。

在应用随机简单抽样方法时，还需关注样本容量和抽样误差这两个关键要素。样本容量的大小直接影响抽样的精确性和代表性。在本研究中，通过合理的样本容量设计，旨在减小抽样误差，提高推断的精度。同时，尽管无法完全消除抽样误差，但可以通过优化抽样设计等方式来降低其影响。

本研究采用随机简单抽样方法，旨在从高新技术产业园区企业中抽取具有代表性的样本，以便对总体特性进行准确推断。通过科学严谨的抽样过程和合理的样本容量设计，本研究力求为深入探讨企业创新绩效的影响因素提供准确、可靠的数据支持。

（五）本研究的样本量

在研究中，关于问卷调查的合适样本量有各种各样的观点。一些研究人员认为，通常样本量越大越好（Cochran，1977）。Hair等人（2010）指出，适当的样本量可以减少抽样误差。基本上，样本量越大，抽样误差越小，因此样本越有可能代表目标人群，因为它们可以增加研究的统计能力，降低假阴性的风险（Kline，2011）。然而，其他人认为过大的样本量可能没有必要，特别是如果研究集中在一个特定的人群，或者如果研究问题的范围很窄（Dillman、Smyth 和 Christian，2014）。Naing（2003）指出，样本量的确定除了规定三个标准精度水平、置信水平和变异程度外，还应首先考虑研究的目的和人口规模。他认为，确定样本量有四种策略：使用小规模人口普查、类似研究的样本、公布的表格和公式来计算样本量。本研究采用已发表的样本量表和公式计算样本量。

根据 Yamane（1967）提出，当人口规模为 4000 人时，精度水平为 5%，样本量为 353。表 3.1 给出了给定精度、置信水平和可变性组合所需的样本量。

表 3.1 显示了当精度水平为 ±3%、±5%、±7% 和 ±10%，置信水平为 95%，$P=0.5$ 时的样本量。

◆ 表 3.1 给定精度、置信水平和可变性组合所需的样本量

样本总体	精度水平			
	±3%	±5%	±7%	±10%
500	a	222	145	83
600	a	240	152	86
700	a	255	158	88
800	a	267	163	89
900	a	277	166	90
1,000	a	286	169	91
2,000	714	333	185	95
3,000	811	353	191	97
4,000	870	364	194	98
5,000	909	370	196	98
6,000	938	375	197	98
7,000	959	378	198	99
8,000	976	381	199	99
9,000	989	383	200	99
10,000	1,000	385	200	99
15,000	1,034	390	201	99
20,000	1,053	392	204	100
25,000	1,064	394	204	100
50,000	1,087	397	204	100
100,000	1,099	398	204	100
>100,000	1,111	400	204	100

注：a= 对人群进行全部抽样。

本研究采用公式计算样本量，Yamane（1967）提供了一个简化的计算样本量的公式，该公式用于计算表3.2中的样本量，如下所示。总体规模为3058，e为置信水平，e＝0.005。所以 n 等于353。

$$n=N/[1+n(e)^2]=3058/[1+3058\times(0.05)^2]=353$$

- n 为样本量。
- N 是总体的规模。
- e 是期望的精度水平或误差范围，以总体的比例表示。

根据 Naing（2003）的学术观点，样本量主要反映的是实际获得的回应数目，而并非最初邮寄的调查问卷或预订的访谈数量。这个数字通常因为需要弥补无回应的情况而有所增加。Kiesler 和 Sproull（1986）在研究中深入探索了影响高管对信息技术调查反应率的因素，并发现时间限制与感知侵入性两大因素显著地影响了高管的参与意愿。Peterson 等人（1996）则聚焦于财富1000强公司的年度报告中环境信息披露的有效性，并对504名 CEO 进行了深入调查。其研究发现，匿名性保护、激励机制的设立以及调查设计的合理性均是影响高管调查回复率的关键因素，并指出50%的回复率足以保障调查结果的有效性。

鉴于此，本研究在确保样本代表性及研究结果可靠性的前提下，将样本量设定为706，以期望至少获得353份有效回复。这一设计旨在最大程度地减少无回应的影响，并提升研究结果的精确性和普遍适用性。

（六）本研究测量工具

在社会科学研究中，李克特5分量表作为一种有效的测量工具，被广泛应用于评估个体对某一现象的态度、意见、信仰及看法。该量表通过量化分析受访者的响应，不仅能够揭示响应的频率与分布，而且有助于识别不同变量间的潜在模式与关系（Creswell, 2014）。本研究亦采用李克特5分量表作为主要的测量手段，对企业的结构特性进行深入剖析。

在设计量表时，本研究紧密结合了课题的核心内容，并充分考虑了企业的实际发展轨迹与经营现状。通过与行业内其他同类企业的对比分析，我们对企业自身的实际情况进行了客观而全面的评价与选择。在量表中，数字"1"代表"非常不一致"，而"5"则代表"非常一致"。在评估企业内部研发活动时，数字"1"意味着研发活动显著减少，而"5"则表明研发活动显著增加。

在运用主观评分法时，我们确保被调查者对企业情况具备充分的了解，并在选择回答对象时进行了严格的筛选。通过与同行业企业的对比，我们确保了量表中所涉及的变量既具有相关性又具备可比性，从而能够更全面地反映企业的真实状况。此外，主观测量方法在捕捉那些难以用数字量化的变量（如企业行为等）

方面显示出独特的优势。尽管部分受访者可能对数字的记忆不够精确，或不愿前往相关部门核实准确数据，但主观感知的反应对于理解企业运营的全貌仍然具有重要意义。

然而，我们也意识到，依赖受访者的预估数据进行填写和回答可能不利于保证数据的真实性和准确性。因此，在数据分析阶段，我们将采取一系列措施来校验和纠正可能存在的偏差，以确保研究结果的可靠性。

以下，我们将详细阐述问卷的每一个组成部分，以便更深入地理解其设计思路与测量逻辑。

（七）变量测度

1. 因变量——知识溢出

在深入研究 Autio 及其同事（2014）对于知识溢出理论（KSTE）的阐释基础上，我们借鉴了其所构建的量表。此量表致力于评估企业家知识和行为向其他企业和个体传递的程度，具体涵盖知识扩散、知识利用、知识泄漏以及知识吸收等四个核心维度。除此之外，Fischer 及其同事（2016）所开发的知识溢出潜力（KSP）量表同样为我们提供了衡量知识溢出的有效工具。KSP 量表基于企业的邻近性、行业背景以及企业的吸收能力等因素，综合评估了知识溢出发生的可能性。

此外，Hu 及其同事（2018）开发的知识溢出有效性（KSE）量表进一步丰富了知识溢出的衡量体系。该量表从知识来源、知识转移以及知识接收者三个维度出发，深入剖析了知识溢出在推动企业创新方面的实际效用。

这些量表不仅为研究人员提供了一个全面而系统的框架，用以衡量不同背景和环境下知识溢出的状况，同时也有助于我们深入探究影响知识溢出过程成功或失败的关键因素，从而为企业和个体更有效地利用和管理知识资源提供理论支持。

（1）显性知识溢出　在本研究中，显性知识溢出的测量参考的是 Naing（2003）量表（表 3.2）。

◆ 表 3.2　显性知识溢出测量题项

1. 本企业可以与其合作伙伴（大学）共享知识或信息，例如技术研发/服务的书面原理手册
2. 本企业可以与其合作伙伴（大学）共享知识或信息，例如技术研发/服务的书面操作手册
3. 本企业可以与其合作伙伴（大学）共享知识或信息，例如有关技术研发/服务内容和项目进度的书面详细信息
4. 本企业可以获得与合作伙伴（大学）共享的知识或信息，例如关于技术组成/服务细节的故障排除的分步程序
5. 本企业可以获得与合作伙伴（大学）共享的知识或信息，例如有关技术质量控制的文件
6. 本企业可以与其合作伙伴（大学）共享知识或信息，例如有关技术开发的知识或信息

（2）隐性知识的测定　本研究主要依据学者们对于企业隐性知识吸收的定义及其维度结构，从隐性知识吸收各方关系状态、知识黏性以及知识主体参与隐性知识吸收的主观意愿等多个维度，对隐性知识吸收变量进行全面测量。

① 隐性知识的黏性：隐性知识黏性作为影响知识吸收的关键因素，已引起学界的广泛关注。Liao 和 Wu（2010）将隐性知识黏性界定为由于认知差异、沟通障碍和社会距离等造成的，在知识源与接受者之间传递隐性知识的难度。他们指出，隐性知识黏性会制约知识转移过程，进而降低知识吸收效率。Wang 和 Noe（2010）亦强调信任与沟通在降低隐性知识黏性、促进知识转移中的重要作用，并提倡构建支持性工作环境，激励知识共享与非正式互动，以削弱隐性知识黏性，提升知识吸收效果。综上所述，解决隐性知识黏性问题是组织有效吸收隐性知识的核心所在。在测量隐性知识黏性方面，Szulanski（1996）的量表（表3.3）具有较高的适用性，该量表包含六个项目，涉及组织内部知识分享意愿、知识使用态度、知识价值认同、知识分享动力、学习新知识的意愿等方面，其 Cronbach's alpha 值大于 0.70，显示了良好的测量可靠性。

② 知识主体关系强度：隐性知识的吸收能力深受双方社会资本的影响（Wang，Y. 和 Wang，Y.，2017）。其中，知识吸收的数量和质量直接反映双方对知识吸收的投入程度，而合作的深度、知识吸收与合作的频率则成为衡量成员间关系质量的重要指标。

③ 知识主体关系的稳健性。此外，隐性知识吸收能力还受到知识吸收双方关系稳健性的制约。因此，本研究将通过考察隐性知识吸收主体间的合作时长、知识吸收平台稳定性、知识吸收渠道通畅程度、隐性知识吸收协议的存在与否以及企业领导对隐性知识吸收与交换的认可程度等变量，来全面评估双方关系的稳健性（O'cass，A. 和 Weerawardena，J.，2010）。

◆ 表3.3　隐性知识溢出的测量题项

隐性知识的黏性	1. 本企业可以从其合作伙伴（大学）那里获得一些关于技术的不成文规则 2. 本企业可以从合作伙伴（大学）那里获得一些不成文的故障排除方法 3. 本企业可以从其合作伙伴（大学）那里获得绕过技术障碍/限制的方法
知识主体关系强度	4. 本企业与合作方（高校）以技术合作的方式共同承担项目研发 5. 本企业与合作伙伴（高校）通过技术合作建立相互信任和理解 6. 本企业与合作伙伴（学校）在技术合作中遵守彼此的承诺
知识主体关系的稳健性	7. 本企业与合作伙伴（高校）保持了技术合作目标的一致性 8. 本企业与合作伙伴（高校）搭建了技术合作的平台和渠道 9. 本企业与合作伙伴（高校）在技术合作方面保持着频繁的交流 10. 本企业与合作伙伴（高校）在技术合作方面建立了长期合作关系

2. 中介变量——吸收能力

吸收能力，自其概念提出以来，便一直是学术领域中的复杂且充满挑战性的议题。长期以来，学界对于如何衡量这一能力存在着显著的争议。在早期的探索中，吸收能力常被视作一个单向度的概念，如 Cohen 和 Levinthal（1990）提出的，吸收能力以企业的研发强度为主要衡量指标。随后，亦有研究者采用其他指标如专利引用（Mowery，1996）、技术人员数量（Luo，1997）以及研发部门的设置（Veugelers，1997）等来度量企业的吸收能力。同时，还有部分学者在研究吸收能力时，注重其对内部知识转移的影响，例如 Szulanski（1996）在实证研究中设计了一套包含九个条目的量表，涵盖企业愿景、经营策略、岗位职责及必备技能等多个方面。然而，尽管这些条目内容广泛，却未能有效反映吸收能力建设的多维度特性。

总体而言，吸收能力的初步测量更多地侧重于整体结果的效能。虽然从单一维度进行测量和研究具有简便性和实用性，且在一定程度上具有理论基础和现实意义，但当行业和企业不再仅仅依赖研发投资来推动技术创新时，这种方法的普遍适用性便受到质疑（LIA，Welsch，St，2003）。研究显示，吸收能力的每个维度所蕴含的意义远非单一维度的测量方法所能涵盖（Zahra 和 George，2002）。

随着对吸收能力理解的深入，学者们开始转向对各维度的具体作用进行深入探究。其中，Zahra 和 George（2002）基于动态能力的视角，将吸收能力划分为知识获取、知识消化、知识转化和知识利用四个维度。然而，遗憾的是，他们并未制定出具体的量表以供后续研究参考。在此基础上，Jansen、Bosch 和 Volberda（2005）等学者进一步开发了一套多维度量表，不仅充分反映了企业吸收能力及其构成，还通过实证研究验证了其信度和效度。分析结果显示，该量表具有良好的信度，因子分析亦证实了预设量表的合理性，为吸收能力的多维实证研究提供了有力的参考框架。随后，Flatten 等（2011）亦依据 Jansen 等人的思路，开发了一套反映吸收能力四个维度的量表，并取得了令人满意的结果。

本研究在借鉴上述学者研究方法的基础上，采用吸收能力的多维度测量方法，对潜在吸收能力和真实吸收能力这两个子能力的作用进行检验（Zahra 和 George，2002）。我们首先系统地梳理了现有的测量项目，深入比较了各研究间的差异，随后与相关领域的研究者和行业专家就对比结果进行了深入探讨。为保证研究结果的准确性和可比性，本研究采用了 Jansen、Bosch 和 Volberda（2005）开发的量表（表 3.4），该量表专注于中小企业吸收能力的度量，以知识获取、消化、转化和利用这四个维度来全面衡量企业的吸收能力。

◆ 表 3.4 吸收能力的测量题项

潜在吸收能力	1. 本企业的文化重视从外部资源中学习 2. 本企业投入资源从外部知识中获取新知识 3. 本企业将外部知识视为创新和增长的关键驱动力 4. 本企业认识到内部知识的局限性，需要外部知识来补充 5. 本企业已经建立了适当的流程来将外部知识集成到现有的知识库中 6. 本企业建立了外部知识质量和可靠性评估机制 7. 本企业了解外部知识对我们企业的潜在价值 8. 本企业能够在现有知识库的背景下理解和解释外部知识
现实吸收能力	9. 本企业能够运用外部知识来解决问题或创造机会 10. 本企业制定了适当的流程将外部知识转化为企业可用的形式 11. 本企业利用外部知识来开发/改进我们现有的产品或服务 12. 本企业能够使用外部知识改善我们的操作和流程

3. 自变量——创新绩效

奥斯陆手册量表（表 3.5）作为衡量企业创新绩效的国际通用标准，因其多维度的评估体系而广受青睐。Dodgson、Gann 和 Salter（2006）的研究揭示，该量表有效地揭示了英国生物技术行业创新的多元化与复杂性。Barros 等人（2012）在巴西的应用实践中，利用奥斯陆手册量表确定了包括研发投资和合作在内的创新绩效核心决定因素。Wu 和 Chen（2016）在台湾制造企业中的研究表明，创新能力是创新绩效的显著预测因子，这一结论再次验证了奥斯陆手册量表的有效性。He 和 Wong（2020）的研究亦证实，该量表在衡量中国制造企业的创新绩效方面表现出色，并指出研发投入、员工培训及外部合作是影响创新绩效的关键因素。尽管奥斯陆手册量表在全面捕捉创新活动方面存在局限性，但它仍然是评估与比较不同行业和背景下企业创新绩效的重要框架。

◆ 表 3.5 测量题项

1. 与同行业企业相比，本企业往往率先推出新产品/新服务
2. 与同行业企业相比，本企业引入的新的或显著改进的服务和技术数量更多
3. 与同行业企业相比，本企业研发出更高效的工艺技术或生产工艺
4. 与同行业企业相比，本企业的提供的产品或服务的质量更高
5. 与同行业企业相比，本企业开发了更多新的商业模式
6. 与同行业企业相比，本企业能够根据市场需求调整企业战略
7. 与同行业企业相比，本企业对新产品的投入更多研发经费
8. 与同行业企业相比，本企业研发人员占员工的比例更高
9. 与同行业企业相比，市场对本企业新产品的改进和完善反应非常好
10. 与同行业企业相比，本企业的新产品开发成功率非常高

（八）数据分析技术

本研究采用的统计测试工具主要包括社会科学统计软件包（SPSS 19.0）和结构方程模型（SEM）分析软件 AMOS 20.0。本文的数据分析工作主要分为两部分。第一部分为数据处理与分析，该部分主要完成数据的描述性统计、各子量表及整体量表的信效度分析，以及所有因素的相关性分析。第二部分为结构方程模型分析，涵盖验证性因素分析、大学知识溢出对企业创新绩效的结构方程分析以及综合结构方程分析。通过这一系列的统计测试和分析，我们旨在深入探究变量间的内在关系，并为企业创新绩效的提升提供理论支持和实践指导。

本文的数据分析分为两部分。第一部分是数据与处理部分，完成数据的描述性统计、各子量表与总体量表的信效度分析以及各因素的相关性分析；第二部分是结构方程模型分析部分，包括验证性因子分析、大学知识溢出对企业创新绩效的结构方程分析和综合结构方程分析。

本文在实证模型中提出了一个解释变量，即企业创新绩效；存在显性知识溢出因子和隐性知识溢出因子两个解释变量；两个中介变量是潜在吸收能力和实际吸收能力。实证研究的重点是探讨大学知识溢出对企业创新绩效的影响是否存在及影响程度。研究模型还提出吸收能力作为中介变量。该模型假设吸收能力对企业创新绩效有直接影响，并在大学知识溢出与企业创新绩效之间起中介作用。通过逐步检验的方法对这些假设进行检验，证明中介效应的合理性。

1. 样本的描述性统计

SPSS 软件被应用于本研究的先导试验中，以验证数据的可靠性和有效性，并评估最终研究数据的正态性。在数据分析领域，SPSS 软件常用于生成描述性统计量以及进行差异性检验，如独立样本 t 检验和方差分析。这些检验不仅可用于评估应答偏误，还能测试不同变量对最终模型的影响。

依据 Field（2013）的观点，描述性统计在数据分析中占据重要地位，主要用于概括数据特征，并识别数据集中的错误或缺失值。通过计算均值、标准差等统计量，可以为后续的相关性分析和回归分析等深入探究提供有力支撑。因此，将描述性统计作为数据分析的首要步骤，是研究中不可忽视的重要实践。研究结果显示，受访者对于所提问题总体上持有一定的认同态度。

2. AMOS——结构方程模型

结构方程模型（SEM）用于评估假设模型中包含的假设关系。SEM 允许研究者检验复杂的理论模型，并考查潜在变量（即不能直接观测的变量）之间的关系。SEM 为变量间的关系提供了更全面、更细致的理解，尤其是在分析复杂模型时（Kline，2015；Little，2013）。SEM 还可用于检验替代模型并比较其拟合度，从而帮助研究者完善其理论模型（Bollen，1989）。SEM 能够同时检验多个关系，因此可以实现更全面的分析，更完整地理解变量间的复杂关系（Kline R. B.，2016）。这在研究复杂现象或系统时尤为重要，因为变量间可能以复杂的方式相互关联。此外，通过使用 SEM，研究者可以避免连续进行多次测试可能带来的问题，这些问题可能会增加 I 型错误的风险并降低分析的整体统计效力。因此，SEM 是处理需要全面、综合分析多个关系的复杂研究问题的有力工具。

单独的验证性因子分析（CFA）是一种用于检验一组观测变量因子结构的统计方法。它常用于结构方程模型中，以检验测量模型的构念效度。在安德森和格宾（Anderson 和 Gerbing，1988）提出的两步法中，单独的 CFA 用于估计测量模型中潜在构念的收敛效度和判别效度。在此方法中，第一步是对每个潜在构念进行单独的 CFA，以评估模型的拟合优度并确定其是否适合进行进一步的结构方程分析。

（九）研究伦理考量

Segall（1986）认为，研究参与者因对研究的贡献而付出了代价，因此，出于伦理和实践原因，研究者必须确保研究的益处超过参与者所付出的代价。本文还讨论了社会心理学研究中的各种伦理考量，包括知情同意、保密性以及可能对参与者造成的伤害。

在进行研究时，必须考虑研究参与者的知情权，以确保他们充分了解研究内容以及作为参与者的权利。在本研究中，研究者在问卷开头提供了知情同意声明，简要概述了研究内容，并明确指出了参与者的权利，包括随时退出研究的权利。问卷还提供了研究团队的联系方式，以便参与者提问或表达关切。必须确保问卷中提供的所有信息清晰易懂，并对技术术语进行明确解释。正如 Segall（1986）所强调的，研究者必须确保研究的益处超过参与者所付出的代价，并妥善处理知情同意、保密性以及可能对参与者造成伤害等伦理问题。

本章详细阐述了研究的方法论，涵盖了研究对象、样本、数据收集工具以及为确保研究的伦理标准、可靠性和有效性而采用的策略。

第四章 实证研究及研究结果

本章报告并讨论了研究成果,这些成果是通过对收集的信息进行统计分析得出的,分析工具为 SPSS 19.0 版本和 AMOS 20.0 版本。我们利用 SPSS 进行数据处理并确定响应率后,公布了参与者的回应情况、人口统计特征以及研究变量的描述性分析。此外,我们进一步对数据集进行了缺失数据、异常值、正态性、线性、同方差性和多重共线性的检查。最后,对 SPSS 数据进行了合法性和正确性的校验。之后,借助 AMOS 程序进行了结构方程模型(SEM)分析。在预测模型经过测试和优化后,使用外生变量和内生变量的因子分析确认,计算了拟合优度指标。随后检验了提出的研究假设,并以顺序和关联的方式呈现了研究结果,这些结果揭示了研究策略不同方面之间的联系。

一、数据收集

本研究依托各高新技术产业开发区管委会的管理人员关系网络,于 2020 年 12 月至 2021 年 3 月期间进行了正式的问卷调查。主要采用电子邮件和现场发放问卷,共计发放问卷 730 份,经过严谨的数据回收流程,最终回收问卷 509 份,回收率为 69.7%。在数据清洗阶段,严格剔除了不完整问卷以及明显不符合逻辑规律的无效问卷,共计 54 份,从而确保了数据的真实性和有效性。最终,有效问卷数量达到 455 份,有效率为 62.3%。一些研究人员认为,至少需要 60% 的回复率才能确保样本具有代表性,并将无反应偏差降到最低。然而,其他人认为,如果采取适当的措施来解决非反应偏差,如加权或归算技术,即使应答率低至 30%,也可以提供可靠有效的数据(Dillman 等人,2009)。

受访者中企业高层管理者有 323 位,占比 68.4%,在企业中工作超过 20 年的有 79 位,占比 16.74%。受访者信息见表 4.1。

◆ 表 4.1 受访者信息

雇员人数	（占比）	企业年龄	（占比）	所有制类型	（占比）	行业分布	（占比）
50 人以下	(12.08%)	1~3 年	(9.20%)	国有企业	(11.20%)	电子信息业	(29.20%)
50~300 人	(30.08%)	4~5 年	(17.10%)	民营企业	(67.5%)	通用设备生产制造业	(27.70%)
301~500 人	(19.28%)	6~10 年	(23.50%)	外资企业	(19.60%)	软件信息技术服务业	(27.50%)
501~1000 人	(38.56%)	11~15 年	(21.30%)	其他	(1.8%)	新材料产业	(14.30%)
		16~20 年	(4.40%)			其他行业	(1.30%)
		20 年以上	(24.40%)				

二、信度分析

采用 Cronbach's alpha 系数（α 系数）来衡量量表的内部一致性，评价量表的信度。采用校正项总相关法（CITC）对测量项进行了收敛可靠性评价。具体而言，首先使用 SPSS 软件的可行性分析菜单项来计算每个项目的 CITC 值。CITC 表示删除后得到的新的总相关系数，称为修改后的总相关系数。其次，删除 CITC 值小于 0.3 且能增加量表 α 系数的条目（卢文岱，2002）。一般来说，当 CITC 小于 0.5 时，通常需要删除该测量项目（刘怀伟，2003），因此本研究以 0.5 作为净化测量项目的标准。此外，需要在测量项目纯化前后计算尺度 α 系数。如果删除一个测量项目后，量表 α 系数增大，则表明该项目可以被删除（徐碧祥，2007）。最后，当剩余条目组成的量表的 α 系数超过 0.7 时，我们认为该量表的信度满足要求。

◆ 表 4.2 信度分析

维度	题项	克朗巴赫系数
TKS	11	0.945
EKS	6	0.896
PAC	7	0.896
RAC	4	0.885
EIP	9	0.926

由表 4.2 可知，各个维度的 Cronbach's alpha 系数在 0.8 以上。这就说明调查问卷的可信度非常高，也即存在较高的内在一致性，测量结果是可靠和稳定的。

三、效度分析

问卷效度分析的目的是检验问卷结果是否准确和有效，即问卷得到的结果是否能够达到研究的需要,本文运用探索性因子分析和验证性因子分析来检验问卷效度。

（一）探索性因子分析

进行探索性因子分析之前首先要进行 KMO 检验和巴特利特球形检验。KMO 的取值位于 0~1 之间。当 KMO 值大于 0.9 时,说明该问卷非常适合做因子分析;当 KMO 值大于 0.8 时,说明该问卷非常适合进行因子分析;当 KMO 值大于 0.6 时,该问卷尚可以进行因子分析;当 KMO 值小于 0.6 时不合适进行因子分析。当巴特利特球形检验结果的 P 值小于 0.05 时适合做因子分析（表 4.3）。

◆ 表 4.3 探索性因子分析

题项	因子载荷				
	因子 1	因子 2	因子 3	因子 4	因子 5
TKS1	0.807	0.084	0.149	0.078	0.071
TKS2	0.740	0.124	0.179	0.149	0.119
TKS3	0.745	0.160	0.148	0.128	0.048
TKS4	0.766	0.199	0.090	0.161	0.089
TKS5	0.778	0.137	0.143	0.125	0.051
TKS6	0.776	0.143	0.107	0.151	0.080
TKS7	0.783	0.192	0.104	0.119	0.111
TKS8	0.759	0.120	0.129	0.123	0.085
TKS9	0.775	0.152	0.164	0.108	0.103
TKS10	0.764	0.195	0.017	0.075	0.133
TKS11	0.779	0.144	0.166	0.148	0.095
EKS1	0.242	0.197	0.215	0.748	0.121
EKS2	0.184	0.159	0.212	0.751	0.099
EKS3	0.183	0.187	0.172	0.742	0.111
EKS4	0.126	0.155	0.166	0.757	0.085
EKS5	0.183	0.219	0.213	0.709	0.147
EKS6	0.153	0.208	0.100	0.722	0.196
PAC2	0.200	0.169	0.732	0.173	0.116
PAC3	0.146	0.163	0.720	0.075	0.155
PAC4	0.126	0.154	0.781	0.112	0.144
PAC5	0.103	0.138	0.694	0.205	0.093
PAC6	0.111	0.066	0.729	0.194	0.153

续表

题项	因子载荷				
	因子 1	因子 2	因子 3	因子 4	因子 5
PAC7	0.154	0.199	0.718	0.183	0.076
PAC8	0.228	0.123	0.684	0.112	0.123
RAC1	0.135	0.167	0.220	0.181	0.784
RAC2	0.205	0.185	0.239	0.078	0.747
RAC3	0.146	0.246	0.158	0.195	0.714
RAC4	0.179	0.149	0.192	0.228	0.740
EIP1	0.108	0.720	0.132	0.198	0.166
EIP2	0.180	0.701	0.117	0.135	0.086
EIP3	0.162	0.686	0.217	0.192	0.026
EIP4	0.179	0.693	0.149	0.216	0.134
EIP5	0.199	0.704	0.141	0.145	0.041
EIP6	0.128	0.754	0.131	0.148	0.085
EIP7	0.144	0.744	0.078	0.067	0.120
EIP8	0.150	0.735	0.135	0.048	0.112
EIP9	0.169	0.733	0.059	0.123	0.147
KMO	0.921				
Bartlett's test	11721.030				
df	666				
P	0.000				

对量表进行 KMO 和 Bartlett 球形检验，可以看出，自变量维度分量表 KMO 值为 0.921，非常适合进行因子分析，Bartlett 球形检验结果显示，检验的显著性概率为 $P<0.05$，适合进行因子分析。因子分析结果显示：同一维度问题均在同一个因子上因子载荷系数最大，该结果表明这 37 个问题与维度对应关系情况良好，与专业预期相符，说明研究数据具有良好的结构效度水平。

（二）验证性因子分析

◆ 表 4.4 模型拟合度分析

拟合指数	χ^2	df	P	χ^2/df	GFI	RMSEA	CFI	NFI	NNFI
可接受值	—	—	<0.05	<3	≥0.8	<0.10	≥0.8	≥0.8	≥0.8
测量值	1819.566	619	0.000	2.940	0.840	0.064	0.895	0.849	0.887

模型拟合指标非常多，通常下很难所有指标均需要达标，一般使用常见的几

个指标即可,包括卡方自由度比（χ^2/df）、拟合度指数（GFI）、近似均方根误差（RMSEA）、比较拟合指数（CFI）、规范拟合指数（NFI）、非规范拟合指数（NNFI）。从表 4.4 可知：卡方自由度比（χ^2/df）、拟合度指数（GFI）和比较拟合指数（CFI）均达标,表明模型拟合效果很好。

◆ 表 4.5　因子荷载分析

潜在变量	显变量	系数	标准差	CR	P	估计值标准误差
TKS	TKS1	1.000	—	—	—	0.805
TKS	TKS10	0.920	0.049	18.761	0.000	0.763
TKS	TKS11	0.966	0.047	20.408	0.000	0.812
TKS	TKS2	0.956	0.050	18.968	0.000	0.770
TKS	TKS3	0.912	0.049	18.683	0.000	0.761
TKS	TKS4	0.964	0.048	19.882	0.000	0.797
TKS	TKS5	0.987	0.050	19.706	0.000	0.792
TKS	TKS6	0.977	0.049	19.764	0.000	0.793
TKS	TKS7	1.024	0.050	20.364	0.000	0.810
TKS	TKS8	0.970	0.051	18.962	0.000	0.770
TKS	TKS9	0.991	0.050	19.905	0.000	0.797
EKS	EKS1	1.000	—	—	—	0.830
EKS	EKS2	0.970	0.051	19.040	0.000	0.774
EKS	EKS3	1.054	0.056	18.988	0.000	0.773
EKS	EKS4	0.982	0.055	17.765	0.000	0.736
EKS	EKS5	1.035	0.055	18.829	0.000	0.768
EKS	EKS6	1.018	0.056	18.067	0.000	0.745
PAC	PAC2	1.000	—	—	—	0.772
PAC	PAC3	0.974	0.061	16.038	0.000	0.723
PAC	PAC4	1.025	0.058	17.647	0.000	0.785
PAC	PAC5	0.901	0.059	15.309	0.000	0.694
PAC	PAC6	0.919	0.057	16.086	0.000	0.724
PAC	PAC7	0.978	0.058	16.787	0.000	0.752
PAC	PAC8	0.924	0.060	15.361	0.000	0.696
RAC	RAC1	1.000	—	—	—	0.797
RAC	RAC2	0.939	0.056	16.866	0.000	0.765
RAC	RAC3	0.894	0.055	16.259	0.000	0.740
RAC	RAC4	0.909	0.054	16.969	0.000	0.770

续表

潜在变量	显变量	系数	标准差	CR	P	估计值标准误差
EIP	EIP1	1.000	—		—	0.753
EIP	EIP2	0.950	0.061	15.691	0.000	0.715
EIP	EIP3	0.970	0.061	15.885	0.000	0.723
EIP	EIP4	0.982	0.060	16.507	0.000	0.748
EIP	EIP5	0.983	0.062	15.882	0.000	0.722
EIP	EIP6	1.007	0.060	16.826	0.000	0.761
EIP	EIP7	0.976	0.061	15.940	0.000	0.725
EIP	EIP8	0.970	0.061	15.818	0.000	0.720
EIP	EIP9	0.983	0.061	16.219	0.000	0.736

因子载荷系数值展示因子潜变量与显变量之间的相关关系情况，从表4.5可知：如果各个问题的 P 值均小于 0.05 且标准载荷系数值大于 0.7，则说明潜变量与显变量有着较强的相关关系。

◆ 表4.6 聚合效度分析

因子	平均提取方差值（AVE）	组合效度（CR）
TKS	0.621	0.948
EKS	0.595	0.898
PAC	0.541	0.892
RAC	0.590	0.852
EIP	0.538	0.913

从表4.6可知，共5个因子对应的平均提取方差（AVE）全部均大于 0.5，且组合效度（CR）全部均高于 0.7，意味着本次分析数据具有良好的聚合效度。

针对区分效度进行分析，5个维度对角线数字最大，意味着其具有良好的区分效度（表4.7）。

◆ 表4.7 区分效度分析

因子	TKS	EKS	PAC	RAC	EIP
TKS	0.788				
EKS	0.440	0.771			
PAC	0.414	0.489	0.736		
RAC	0.400	0.472	0.486	0.768	
EIP	0.438	0.484	0.425	0.449	0.734

注：对角线数字为 AVE 平方根值。

四、相关性分析

◆ 表 4.8 相关性分析

因子	平均值	标准差	TKS	EKS	PAC	RAC	EIP
TKS	3.240	1.308	1				
EKS	2.999	1.278	0.440**	1			
PAC	3.375	1.268	0.414**	0.489**	1		
RAC	3.246	1.351	0.400**	0.472**	0.486**	1	
EIP	3.419	1.284	0.438**	0.484**	0.425**	0.449**	1

*P< 0.05 **P< 0.01

从表 4.8 可知，利用相关分析去研究隐性知识溢出（tacit knowledge spillover，TKS）、显性知识溢出（explicit knowledge spillover，EKS）、潜在吸收能力（potential absorptive capacity，PAC）、现实吸收能力（realistic absorptive capacity，RAC）、企业创新绩效（enterprise innovation performance，EIP）之间的相关关系，结果显示这 5 个变量之间显著正相关，相关系数大小在 0.4～0.5 之间。

五、假设验证

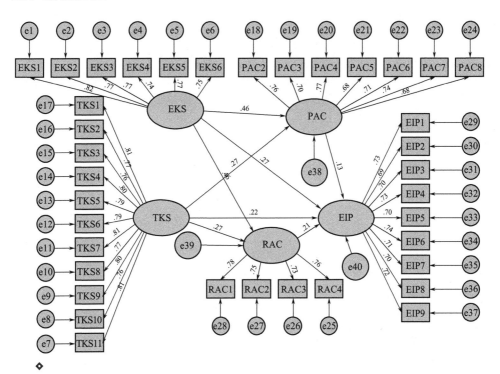

指数	χ^2	df	p	χ^2/df	GFI	RMSEA	RMR	CFI	NFI	NNFI
可接受区间	—	—	>0.05	<3	≥0.8	<0.10	<0.05	≥0.8	≥0.8	≥0.8
结果	1853.398	620	0.000	2.989	0.838	0.065	0.121	0.892	0.847	0.884

首先对模型拟合进行分析,卡方自由度比(χ^2/df)小于 3,其他指标大多拟合效果较好,通过检验值,说明模型效果较好(表 4.9)。

◆ 表 4.9 标准回归系数分析

路径			Estimate	标准差	CR	P
PAC	←	EKS	0.465	0.051	9.153	<0.001
RAC	←	TKS	0.271	0.044	5.665	<0.001
RAC	←	EKS	0.457	0.051	8.750	<0.001
PAC	←	TKS	0.273	0.043	5.913	<0.001
EIP	←	PAC	0.134	0.054	2.449	0.014
EIP	←	RAC	0.210	0.058	3.693	<0.001
EIP	←	EKS	0.272	0.06	4.502	<0.001
EIP	←	TKS	0.217	0.046	4.401	<0.001

显性知识溢出对企业创新绩效的标准化路径系数为 0.272,P 值小于 0.05,说明呈现出显著的正向影响关系,假设 1 成立。

隐性知识溢出对企业创新绩效的标准化路径系数为 0.217,P 值小于 0.05,说明呈现出显著的正向影响关系,假设 2 成立。

显性知识溢出对现实知识吸收能力的标准化路径系数为 0.457,P 值小于 0.05,说明呈现出显著的正向影响关系,假设 3 成立。

显性知识溢出对潜在知识吸收能力的标准化路径系数为 0.465,P 值小于 0.05,说明呈现出显著的正向影响关系,假设 4 成立。

隐性知识溢出对现实知识吸收能力的标准化路径系数为 0.271,P 值小于 0.05,说明呈现出显著的正向影响关系,假设 5 成立。

隐性知识溢出对潜在知识吸收能力的标准化路径系数为 0.273,P 值小于 0.05,说明呈现出显著的正向影响关系,假设 6 成立。

潜在知识吸收能力对企业创新绩效的标准化路径系数为 0.134,P 值小于 0.05,说明呈现出显著的正向影响关系,假设 7 成立。

现实知识吸收能力对企业创新绩效的标准化路径系数为 0.210,P 值小于 0.05,说明呈现出显著的正向影响关系,假设 8 成立。

使用 AMOS 的自助(Bootstra)法进行中介效应检验,选择抽样次数 5000

次，置信区间 95% 进行检验，得到如下结果（表 4.10）

◆ 表 4.10 结果

Path	Total effect	Indirect effect	Direct effect	95% CI of indirect effect	Conclusion
TKS=>PAC=>EIP	0.290**	0.034*	0.202**	0.004~0.076	19.584%
TKS=>RAC=>EIP	0.290**	0.053**	0.202**	0.023~0.102	0%
EKS=>PAC=>EIP	0.427**	0.062*	0.270**	0.004~0.121	26.448%
EKS=>RAC=>EIP	0.427**	0.095**	0.270**	0.041~0.164	0%

根据上表可以看出，针对"TKS=>RAC=>EIP"间接效应为 0.034，其 95%CI 不包括 0 且直接效应显著，表明这条路径存在显著部分中介作用，即潜在吸收能力在显性溢出与企业创新绩效的关系中起中介作用，假设 9 成立。

针对"EKS=>PAC=>EIP"间接效应为 0.062，其 95%CI 不包括 0，且直接效应显著，表明这条路径存在显著部分中介作用，潜在知识吸收能力在关系隐性溢出与企业创新绩效之间起中介作用，假设 10 成立。

针对"EKS=>RAC=>EIP"间接效应为 0.095，其 95%CI 不包括 0 且直接效应显著，表明这条路径存在显著部分中介作用，现实知识吸收能力在显性知识溢出与企业创新绩效之间起中介作用，假设 11 成立。

针对"TKS=>RAC=>EIP"间接效应为 0.053，其 95%CI 不包括 0 且直接效应显著，表明这条路径存在显著部分中介作用，现实知识吸收能力在关系隐性溢出与企业创新绩效之间起中介作用，假设 12 成立。

第五章 结论与展望

本章旨在对本研究进行全面的总结与概述。首先,深入探讨了本研究的核心发现,并对主要研究结果进行了详尽的讨论,旨在揭示其背后的深层含义和理论价值。其次,基于这些研究结果,系统地概述了本研究在理论领域所作出的贡献,并探讨了这些发现对于实际应用的潜在影响和意义。随后,讨论了研究过程中遇到的局限性和不足之处。最后,我们总结了本研究的结论,并对未来的研究方向进行了展望。这些展望旨在引导后续研究继续深化对本研究主题的理解,为相关领域的进一步发展贡献新的洞见和思路。

一、研究结果的讨论与分析

本节旨在深入剖析本研究中研究问题、理论假设与实证发现之间的内在关联,通过系统性的讨论,揭示这些要素之间的相互作用和相互影响。为了清晰地呈现这一分析过程,我们首先将本研究的核心研究问题和假设进行列举,以此为基础展开详尽的讨论。

(一)大学知识溢出与企业创新绩效之间的关联性探讨

研究问题1:是否存在显著的正相关关系于大学知识溢出(包括显性知识溢出和隐性知识溢出)与企业创新绩效之间?

本研究的首要研究问题聚焦于大学知识溢出对企业创新绩效的潜在影响。在此,我们将大学知识溢出细分为两个维度:显性知识溢出与隐性知识溢出。这两个维度分别代表了知识传递过程中的不同形态和机制,对理解知识溢出对企业创新的影响至关重要。基于上述研究问题,我们提出了以下理论假设。

假设1:大学知识溢出对企业创新绩效具有正向影响。

为了更细致地考察知识溢出的不同维度对企业创新的影响,我们进一步细化了上述假设。

假设1a:显性知识溢出正向影响企业创新绩效。这一假设基于显性知识

（如学术论文、专利等）的易于获取和应用的特性，预期其能为企业带来直接的创新启示和技术突破。

假设 1b：隐性知识溢出正向影响企业创新绩效。与显性知识不同，隐性知识通常蕴含在个体或组织的经验、技能和实践中，难以直接观察和量化。然而，我们预期这种深层次的知识溢出能够为企业提供独特的竞争优势和创新能力。

通过详尽的相关分析和结构方程模型检验，本研究发现大学知识溢出（包括显性知识溢出和隐性知识溢出）与企业创新绩效之间存在显著的正相关关系（$P<.0001$）。这一结果有力表明，随着大学知识溢出水平的增强，企业的创新绩效将愈发显著。这一发现与 Roy Sivakumar 和 Wikinson（2004）、Bij 和 Weggeman（2006）、Jean 和 Sinkovics（2010）、胡和孙（2009）以及 Srivastava、Bartol 和 Locke（2006）等学者的研究结论相契合，进一步验证了国外学者在知识溢出理论领域的广泛研究。

在知识溢出理论框架内，Grossman 和 Helpman（1991）、Romer（1986）以及 Lucas（1988，1993）等学者均强调了知识溢出作为内生增长模型中的核心机制。Harris（2001）特别指出，企业能够从大学创造的知识中获得显著的外部性。本研究通过实证检验，不仅再次确认了 Nonaka（1995）提出的 SECI 模型中知识创造的过程，即企业为主体，通过处理与更新现有知识，使显性知识和隐性知识在不同层次或学科间相互作用和转化，形成新知识，而且进一步揭示了显性知识溢出和隐性知识溢出对企业创新绩效均产生显著的正向影响，其中隐性知识溢出的影响尤为显著。

具体而言，显性知识溢出对企业创新绩效具有显著的正向影响（$P<0.0001$）。由于显性知识通常可通过书籍、网络、媒体甚至人际交流等渠道免费直接获取，大学作为知识溢出的重要源头，通过论文、专著、专利等形式，将科研技术成果和企业管理思想广泛传播。尤其随着网络与通信技术的迅猛发展，大学显性知识外溢已突破地域界限，实现跨区域甚至跨境的广泛传播（马燕燕，2011；黄德成，2020；徐绍祥，2021）。这种知识溢出不仅增强了校企合作中技术数据、实验参数、产品设计图等相关资源的流动性，加强了合作成员间的紧密互动与沟通，还通过共享这些知识资源，使得企业在合作创新活动中相较于竞争对手展现出更强的创新能力，进而显著提升企业创新绩效。

此外，大学隐性知识溢出同样对企业创新绩效具有正向影响（$P<0.0018$）。这一结果表明，大学与企业之间的隐性知识共享使得企业能够有效获取大学人员的经验、技术专长和管理诀窍等隐性知识，促进了大学与企业间隐性知识的转移。在合作过程中，企业潜移默化地吸收大学在管理和技术研发方面的经验和诀窍，从而显著提升了企业的创新绩效。

（二）大学知识溢出与吸收能力之间的关联性探讨

研究问题2：大学知识溢出（包括显性知识溢出和隐性知识溢出）与知识吸收能力（即潜在吸收能力和现实吸收能力）之间是否存在显著的正向关系？

本研究的第二个核心研究问题聚焦于大学知识溢出对知识吸收能力的影响。知识吸收能力在此被细分为两个维度：潜在吸收能力和现实吸收能力。这两个维度分别反映了企业在面对外部知识时潜在的吸收潜力和实际的知识转化与应用能力。基于上述研究问题，我们提出了以下理论假设。

假设2：大学知识溢出对知识吸收能力具有正向影响。

为了更深入地探究知识溢出的不同维度与知识吸收能力不同维度之间的关系，我们进一步细化了上述假设。

假设2a：显性知识溢出正向影响潜在的知识吸收能力。这一假设基于显性知识的明确性和可获取性，预期其能够增强企业识别和评估外部知识的潜力，进而提升潜在吸收能力。

假设2b：显性知识溢出正向影响现实知识吸收能力。我们预期显性知识溢出能够为企业提供具体的技术和管理启示，促进知识的实际转化和应用，从而增强现实吸收能力。

假设2c：隐性知识溢出正向影响潜在的知识吸收能力。隐性知识通常蕴含在个体或组织的实践和经验中，难以直接观察和量化。然而，我们预期这种深层次的知识溢出能够提升企业对外部知识的敏感性和洞察力，进而增强潜在吸收能力。

假设2d：隐性知识溢出对现实知识吸收能力具有正向影响。隐性知识溢出涉及组织间的深度合作和互动，预期其能够促进知识的深度整合和实际应用，从而提升现实吸收能力。

基于高校知识溢出与知识吸收能力的回归分析，本研究的H2假设得到了充分支持。这一结论与Cohen和Levinthal（2001）、张景辰（2013）、刘成军等（2019）、魏守华等（2019）以及宋宇浩（2019）的研究结果相契合，均强调了知识在价值创造过程中的基础性作用，并指出了知识吸收和转化能力对知识溢出的依赖性。

具体而言，大学知识溢出的广度和深度对知识吸收能力具有显著影响。当大学知识溢出的总量越大、溢出效应越好时，企业的知识吸收能力也随之提升。这种吸收能力强的企业倾向于通过与高校建立和优化合作网络，有效地利用高校的信息和知识流动，进而开展合作创新活动，从而提高其创新绩效。

在探讨知识吸收和知识应用的逻辑起点时，我们认识到知识溢出的位置是首要问题。换言之，知识溢出是知识吸收的前提和基础。对于企业而言，大学知识溢出的重要性不言而喻，因为只有当知识对企业具有明确的意义和价值时，企业及其成员才愿意投入资源去获取知识。考虑到知识获取过程中可能涉及的转移成本，即使用各种转移渠道或工具所需的费用，只有当所获取知识的价值超过这些成本时，企业才会进行知识获取。

在本研究中，知识吸收能力被定义为一个动态过程，即新知识从企业外部（特别是大学知识溢出）转移到企业内部的过程。潜在吸收能力主要关注组织间层面，涉及对知识的评估和获取；而现实吸收能力则更多关注组织内部层面，关注知识的整合和应用。通过与大学知识溢出源的互动，企业能够利用正式或非正式渠道进行显性知识和隐性知识的转移。正式渠道如学术或行业会议、文献阅读等更适合显性知识的传递，而非正式渠道如实地交流、人员互访等则更适合隐性知识的传递。最终，回归分析的结果证实了假设2a、假设2b、假设2c和假设2d的内容，进一步验证了大学知识溢出与知识吸收能力之间的正向关系。

（三）知识吸收能力与企业创新绩效的关联性探讨

研究问题3：知识吸收能力（即潜在吸收能力和现实吸收能力）是否与企业创新绩效呈现显著的正向关联？

本研究的第三个核心问题聚焦于知识吸收能力对企业创新绩效的影响机制。知识吸收能力作为一个多维度的构念，涵盖了潜在吸收能力和现实吸收能力两个重要维度。基于这一构念，我们提出以下假设。

假设3：知识吸收能力对企业创新绩效具有正向的促进作用。

为了更深入地探究知识吸收能力不同维度对企业创新绩效的具体影响，我们进一步细化上述假设为。

假设3a：潜在吸收能力对企业创新绩效具有正向的促进作用。潜在吸收能力体现了企业在面对外部知识时，对知识的识别、评估以及获取的能力。我们预期，这种能力能够为企业创新提供广阔的知识基础，进而提升企业的创新绩效。

假设3b：现实吸收能力对企业创新绩效具有正向的促进作用。现实吸收能力则侧重于企业在获取外部知识后，对知识的整合、转化以及应用的能力。我们预期，这种能力能够确保企业将外部知识有效地转化为内部创新资源，进而增强企业的创新能力，提升创新绩效。

根据知识吸收能力（潜在吸收能力和实际吸收能力）与企业创新绩效的回归分析结果，本研究的假设3得到了显著支持。研究揭示，拥有较强知识吸收能力的企业更倾向于构建开放的创新生态网络，进而提升其网络关系的质量、规模、中心性和开放性，这些网络特征对企业创新绩效具有积极的促进作用。进一步分析表明，知识吸收能力对企业创新绩效的影响是通过潜在吸收能力和实际吸收能力的双重作用实现的。

在企业的创新过程中，研发投资对于外部知识（例如大学知识溢出）的获取和吸收至关重要，它决定了企业技术学习的质量。随着企业对创新支持力度的增加，其获取的创新知识和创新基础能力也相应丰富，为企业进一步的知识转化和利用提供了有力保障。这一发现与先前学者（孙静，2013；弗吉尼亚州，2019；Jurksiene 和 Pundziene，2016；Kobarg，2018）的研究结果相契合，均强调知识吸收能力与企业创新绩效之间的正相关关系。

本研究也注意到，与部分学者的观点存在一定程度的不一致。例如，王子旭（2021）认为实际吸收能力可能对创新绩效产生负调控作用，并指出中国企业过于注重实际吸收能力的现实可能对创新产生不利影响。针对此，本研究进一步通过分组测试发现，在研发人员比例较高的企业中，对于知识转化、技术应用和产品转化能力较强的企业而言，正式系统距离对企业创新绩效的负面影响更为显著。这一发现表明，企业应当更加注重外部资源的有效吸收和重新配置，以应对正式系统距离可能带来的创新障碍。

值得注意的是，尽管实际吸收能力在知识吸收中占据主导地位，但本研究也发现，过高的实际吸收能力并未带来预期的创新率提升，反而可能抑制了企业创新水平的提高。这提示企业在追求实际吸收能力的同时，也应关注潜在吸收能力的培养，以实现更为均衡和全面的知识吸收与创新发展。

综上所述，本研究通过回归分析证实了假设 3a 和假设 3b，即潜在吸收能力和实际吸收能力均对企业创新绩效具有正向影响。这一结论不仅丰富了知识吸收能力与创新绩效关系的研究，也为企业提升创新绩效提供了重要的实践指导。

（四）大学知识溢出、知识吸收能力与企业创新绩效之间的中介效应探讨

研究问题 4：在大学知识溢出（即显性知识溢出和隐性知识溢出）与企业创新绩效之间，知识吸收能力（即潜在吸收能力和现实吸收能力）是否扮演了中介角色？

本研究的第四个核心问题旨在探讨知识吸收能力在大学知识溢出与企业创新绩效之间的作用机制。大学知识溢出包含显性知识溢出和隐性知识溢出两个维度，而知识吸收能力则由潜在吸收能力和实际吸收能力构成。基于此，提出了以下四个假设。

假设 4a：潜在的知识吸收能力在显性知识溢出与企业创新绩效之间发挥中介作用。具体而言，显性知识溢出通过影响企业的潜在吸收能力，进而对企业创

新绩效产生间接影响。

假设 4b：潜在的知识吸收能力在隐性知识溢出与企业创新绩效之间发挥中介作用。具体而言，隐性知识溢出通过影响企业的潜在吸收能力，进而对企业创新绩效产生间接影响。

假设 4c：现实知识吸收能力在显性知识溢出与企业创新绩效之间发挥中介作用。这一假设提出，显性知识溢出首先影响企业的现实吸收能力，随后通过这一中介变量作用于企业的创新绩效。

假设 4d：现实知识吸收能力在隐性知识溢出与企业创新绩效之间发挥中介作用。即使隐性知识溢出具有难以直接观测和量化的特性，我们仍假设其能够通过影响企业的现实吸收能力，间接促进企业的创新绩效。

基于本研究的回归分析，结果显示知识吸收能力（包括潜在吸收能力和实际吸收能力）在大学知识溢出（具体为显性知识溢出和隐性知识溢出）与企业创新绩效之间发挥着完全的中介作用。这一发现明确指出，大学知识溢出以及企业的知识吸收能力均对企业创新绩效具有正向促进作用。在后续的稳健性检验中，这一结论得到了进一步的验证，再次强调了知识吸收能力（潜在知识吸收能力和实际吸收能力）在连接大学知识溢出与企业创新绩效中的核心作用。

当企业积极发挥主观能动性，通过提升潜在吸收能力和实际吸收能力来深度参与大学知识溢出和创新活动时，它们能够获得更多机会来协调、整合和优化信息、知识、技术及其他资源。这种能力的提升不仅增强了企业吸收和应用这些信息、知识和技术的能力，还使得企业能够更有效地从与大学的合作中汲取所需的信息、知识、技术和其他资源，无论是从质量还是数量上均有所提升。

进一步地，从企业与大学的合作关系视角分析，知识吸收能力（潜在吸收能力和实际吸收能力）可以视为企业调整和优化整体合作关系的关键资源。通过增强这种能力，企业能够更顺畅地与大学开展合作，构建更为有效的共享平台，以实现显性知识和隐性知识的双向流通，进而显著增强企业的创新能力。

综上所述，本研究通过回归分析证实了假设 4a、假设 4b、假设 4c 和假设 4d 的假设，为理解大学知识溢出、知识吸收能力与企业创新绩效之间的关系提供了坚实的实证基础。

二、研究的意义

本研究深入探讨了大学知识溢出对企业创新绩效的影响，并特别关注了吸收能力在连接中国大学知识溢出与企业创新绩效之间的作用。本研究的成果不仅为中国企业提供了宝贵的理论支撑，也为其实际运营提供了有益的指导。

（一）理论意义

首先，本研究基于 Cohen 和 Levinthal（1990）的吸收能力理论框架，将焦点放在"知识源"上，即大学知识溢出，这一企业重要的外部知识源。通过对中国大学知识生产、知识溢出及其被企业吸收和应用的过程的详细调查，本研究构建了一个面向企业的大学知识溢出实现条件模型。该模型从高校知识溢出的供给、企业对高校知识溢出的需求以及供需之间的匹配关系三个维度出发，深入阐述了企业导向的高校知识溢出实现条件，从而丰富了吸收能力理论的内涵。

其次，结合问卷调查的方法，本研究设计了一个基于企业的大学知识溢出测度量表，该量表有效捕捉了大学知识溢出与企业协同的关键特征，促进了实践与理论之间的桥梁作用。已有研究从多个角度强调了企业从外部网络吸收知识的重要性，并指出了协同网络环境对企业知识吸收和利用的积极贡献（李德辉，2017）。然而，过去在知识转移和共享的研究中，对大学与企业之间紧密关系的忽视限制了企业外部知识吸收和利用的效能。本研究对现有研究进行了有效回应和扩展，提出了一个创新的体制机制，即在构建以企业为主体的产学研协同中，通过企业对大学知识的有效吸收，促进企业创新绩效的显著提升。这一研究不仅为产学研协同提供了新的视角，也为后续研究提供了宝贵的参考。

（二）实践意义

第一，从实践的视角审视，大学知识溢出通常呈现为显性知识溢出和隐性知识溢出两大类别。本文从潜在吸收能力和实际吸收能力两个层面深入探讨了大学作为知识溢出主体的必要条件，即大学需具备创造产业隐性知识并有效推广这些知识的能力。同时，本文强调，企业仅当拥有对大学知识溢出的发展需求及相应的吸收能力时，方能充分承担并有效利用大学知识溢出。这一发现为政府制定旨在促进企业导向大学知识溢出的外部市场环境和政策提供了实证依据，同时也为优化企业与大学合作关系、促进大学知识溢出供给与企业需求精准匹配提供了实践指导。

第二，以往关于知识溢出与企业创新绩效关系的研究多聚焦于宏观层面，而本研究则打破了宏观与微观研究的界限，凸显了以企业为中心的知识协同的独特价值。本研究不仅为科技政策的制定与实施提供了理论支撑，也为产学研深度融合的理论研究和实证分析奠定了坚实基础。这一成果不仅在当前国家创新体系建设的背景下具有重要意义，同时也为学术界深化产学研研究提供了新的视角和思路。

三、政策建议

（一）对企业管理的启示与建议

首先，企业应构建与大学合作的战略规划体系。一是战略规划与合作伙伴选择。企业应制定明确的战略规划，以加强与大学的合作关系。在此基础上，企业应积极寻求与本地及更广泛区域内大学的合作与创新机会。通过精心挑选和吸引与自身业务发展和创新需求相契合的优质大学作为合作伙伴，企业可以更有效地获取和利用大学的知识、技术和创新能力。二是加强合作与创新的沟通协调。企业应当充分认识到与大学合作的价值，这不仅仅在于获取外部资源，更在于突破传统的企业边界，实现跨界整合。因此，企业需加强与大学创新活动的沟通协调，确保双方能够充分理解对方的需求和期望，进而实现信息、知识、技术和创新能力的有效整合与匹配。三是重视校企合作关系管理能力。企业应高度重视与高校合作关系管理能力的培养，这包括建立互信机制，确保双方能够在合作过程中保持开放、透明的沟通，共同应对可能出现的挑战和问题。同时，企业还需妥善处理校企合作中的矛盾和分歧，确保合作关系能够持续稳定地向前发展。在共享信息、知识、技术等创新资源的基础上，企业应不断优化与大学的合作关系，以实现双方共赢。

其次，企业应强化与高校合作中的知识共享活动。为提升企业与合作高校之间的知识共享效率，应着重加强显性知识共享与隐性知识共享的互动机制。通过深入的案例研究与实证分析，本研究证实了在校企合作框架内，企业通过网络成员的显性知识共享与隐性知识共享，能够显著提升合作创新的绩效。为实现校企之间的有效知识共享，企业需要构建和完善知识共享机制。具体而言，企业应积极参与各类合作创新活动，搭建高效的显性知识共享与隐性知识共享平台，营造开放、透明的信息共享氛围。同时，通过具体的措施，如建立知识共享应用系统、增加沟通频率与现场合作机会、加强员工或技术人员交流等，促进校企之间的知识流动与共享。从显性知识共享的角度看，企业可以与高校合作开发知识共享应用系统，确保该系统在接口设计、功能实现及运营环境等方面满足双方知识共享的需求。该系统应支持企业与合作伙伴之间的实时信息共享，以满足重点企业的知识需求，并允许双方共同控制和管理知识共享过程。在隐性知识共享方面，企业应增加与高校的沟通频率，创造更多的现场合作与创新机会。通过加强员工或技术人员的交流，如互访学习、项目合作等，实现双方技术技能与管理经验的共享。这有助于促进隐性知识的有效转移，提高校企之间的知识共享效率。

再次，需聚焦于合作信任与企业吸收能力的提升。合作创新活动依赖于双方建立的稳固信任基础，其中关系信任和互利共赢是不可或缺的前提。这种信任直接关系到企业与大学之间显性知识与隐性知识共享的广度与深度，进而对合作创新活动的成效产生深远影响。为构建高度的关系信任，可采取以下策略：一是在合作过程中，企业与大学应就相关问题展开充分协商，确保双方意见得到充分考虑。其次，合作与创新活动应基于明确的合同框架，包括合理的知识与技术共享协议，并严格保护各自的知识产权。二是在利益分配与矛盾解决中，应遵循公开、公平、透明的原则，增进双方的相互理解与认同，从而增强合作信任与投入。此外，企业吸收能力对合作创新绩效具有决定性作用。在选择合作大学时，企业应充分考虑合作伙伴在技术领域的相似性。过大的知识领域差距可能阻碍企业对大学知识的有效吸收，从而影响合作创新绩效；而过小的知识差距虽有利于吸收，但可能限制合作创新的广度与深度。同样，合作时长也需得到妥善考虑。长期合作虽有助于提升企业的吸收能力，但也可能导致合作效率下降；短期合作虽快速，但可能因吸收能力不足而影响创新绩效。因此，企业需根据具体情况，合理把握合作时长，以实现合作创新绩效的最大化。

（二）对高校、科研机构及其他具备研发功能机构的启示与建议

在履行公共职能的过程中，高校与科研机构通常扮演着举足轻重的角色。他们不仅拥有独特的课题申请和资金筹措渠道，能够支持资金需求庞大的研究项目，而且能够承担更高的研发风险，有效补充企业在自主研发领域的短板。然而，当前市场中出现的新兴研发机构在服务内容上，往往未能与企业面临的实际技术问题紧密对接，导致服务供给与企业需求之间存在一定程度的脱节。

鉴于此，建议高校与科研机构应主动寻求与企业的深度合作，通过开放创新的模式，不仅要在国内市场实现突破，更应拓展至国际市场，切实解决企业的实际问题，引领整个行业向更为健康、可持续的方向发展。特别是在新冠肺炎疫情防控和经济社会发展的政策背景下，中国企业已经取得了显著的发展成果，并获得了广泛的社会认可与实践验证。因此，这种合作模式应成为疫情过后和经济复苏时期的重要战略选择。

通过深化与企业的合作，高校和科研机构可以更加精准地把握市场需求，提高研发成果的转化效率，同时为企业提供更为丰富、高质量的技术支持与创新资源。这样的合作模式将有助于构建产学研深度融合的创新生态体系，推动科技与经济的高度融合，为我国的高质量发展提供坚实的支撑。

（三）对地方政府的启示与建议

地方政府应当定期策划并组织企业与相关学术研究机构间的深入磋商与系统

性沟通活动。当前，尽管存在此类合作模式，但普遍表现为组织松散、形式简单以及供需不匹配等问题，从而限制了企业从中获得的合作效益与合作动力。因此，本研究建议政府应加速推进一体化合作政策的深度改革，以更加积极的姿态鼓励学术研究机构与企业主动融入并深化合作体系。

为实现这一目标，政府应搭建起政企科研合作的桥梁，通过政策引导企业积极参与协同合作培训，并构建项目对接咨询的大数据信息服务平台。该平台将为企业提供实时、精准的项目信息和合作伙伴匹配服务，从而协助企业和学研机构实现高效的项目与合作伙伴的精准对接。

同时，政府在制定与产学研合作相关的法规政策时，应特别关注企业内部知识内化机制的建设与完善。为促进企业有效积累经验和实现外部知识技术的有效转化，政府可以邀请专家学者、企业代表及行业协会等多方参与，共同制定一套企业外部知识和技术内化的通用指导原则。这一指导原则将为产学研深度融合提供操作层面的明确指导，有助于各方在合作过程中更加高效地实现知识共享与技术转移。

此外，政府应进一步加大对企业和学术研究机构的政策激励力度，通过财政补贴、税收优惠等措施，持续激发双方跨地区、跨领域进行深度合作与协调的积极性。这将有助于实现产学研之间的深度融合与共赢发展，为科技创新与经济社会发展的良性互动奠定坚实基础。通过这些举措的实施，政府可以为企业和学术研究机构创造一个更加优越、高效的合作环境，推动我国科技创新和经济社会的全面发展。

四、未来研究建议

本研究提供的实证数据明确阐明了在当前知识经济时代，企业提升创新绩效所承载的关键性意义。本研究不仅支持且强化了既往研究中关于大学知识溢出、企业知识吸收能力与创新绩效间相互关系的理论框架，同时为该领域的研究贡献了更为深入的见解。针对未来研究，提出以下建议，旨在进一步完善大学知识溢出对企业创新绩效影响的理论体系：

首先，对于转型企业而言，其外部知识合作机制的运作机理亟待深入探索。

本研究的样本聚焦于重庆四个国家级高新技术产业园区的企业，这些企业主要集中在信息通信技术制造业、服务业以及新材料制造业等知识密集型产业中。这些企业均将技术和创新置于其核心竞争地位，其产品与生产过程高度依赖科学知识，并对外部知识具有极高的吸收需求，因而成为本研究的理想对象。

尽管重庆正致力于推动高新技术产业园区的发展，逐步淘汰低生产率和低附加值产业,但当前其制造业的主体仍聚焦于资本密集型与资源依赖型加工产业,其中大多数仍隶属于传统产业范畴。当前,重庆的支柱产业涵盖汽车摩托车产业、电子信息产业、装备制造业、医药化工、材料产业、能源产业及消费品产业等。其中,汽车产业凭借其深厚的历史底蕴与庞大的产业规模,成为转型发展的关键所在。根据《重庆市推进成渝地区双城经济圈建设行动计划(2023—2027年)》,重庆计划至2027年,将制造业在地区生产总值中的比重提升至28%。

这一背景表明,传统企业的转型与创新理应成为未来研究的重心。创新能力作为影响企业转型升级的核心要素,其重要性不言而喻。研究表明,创新能力较强的企业更倾向于进行转型升级,这一结论与国内多位学者的研究相吻合(安同亮等,2006;金蓓,2011;孔伟杰,2012)。在转型发展的过程中,企业应充分利用外部知识资源以促进创新,这种外部知识的协作、共享与利用将有助于企业实现成本分摊、风险降低与创新效率的提升(Hinings等人,2018)。因此,转型企业外部知识协同机制的研究将成为知识溢出理论的一个新兴方向,其协同机制亦需进一步深入探讨。

其次,对于大学知识溢出对企业创新绩效影响的探究,需从动态视角进行深入分析。Kafuros等人(2018)的研究强调了采用动态研究方法以考察大学-行业知识转移的重要性,这种方法应充分考虑过程的时间特性和外部环境变化的影响。他们指出,纵向研究视角能更精确地揭示大学知识溢出与企业创新绩效关系随时间推移的演变,以及背景因素对此关系的调节作用。特别地,及时性作为大学-工业知识转移的关键因素,直接关联于知识转移至新产品或工艺的速度。鉴于外部环境条件(如市场竞争和技术进步)的迅速变化,大学知识的及时行业转移能为企业赢得竞争优势。因此,运用动态方法研究大学与行业间的知识转移,有助于捕捉这些时间敏感因素,并凸显知识转移和应用中的时间价值。

当前研究虽揭示了大学知识溢出、知识吸收能力与企业创新绩效之间的静态关系,但随时间的流逝和环境的变迁,这些变量及其相互关系可能发生演变。为此,后续研究可借助纵向研究方法和比较案例分析方法,收集时间序列数据,深入探究三者关系的动态演变过程。

最后,未来的研究需从多维度、多角度寻找更全面的衡量指标。尽管当前研究已探讨了知识吸收能力在大学知识溢出与企业创新绩效之间的作用,但影响高校知识溢出对企业创新绩效的因素远不止于此。例如,一些学者提出了知识溢出的路径和符号传递方式(Arrow,1964;Breschi和Lisoni,2001)。在特定情境下,并非所有群体都能有效吸收知识,且知识溢出的强度常随地理距离的增加而减弱(Arrow,1964;Breschi和Lisoni,2001)。此外,市场经济条件下,地理邻近性对校企合作具有显著影响（洪伟，2010；魏红，2013；赵岩，2016 等）。同时，合作双方的知识和技术接近性是实现有效知识交流和理解的基础（Boschma，1999；崔阳等人，2017）。因此，未来研究可综合地理邻近性、技术邻近性、组织邻近性等多维邻近性因素，深入探讨大学知识溢出对企业创新绩效的影响，以获得更为全面和丰富的研究成果。通过扩展研究模型，纳入更多影响因素（如其他预测或调节变量），有望进一步发现新的问题和见解。

参考文献

[1] Acs Z J, Audretsch D B, Lehmann E E. The knowledge spillover theory of entrepreneurship. Small Business Economics, 2013, 41(4): 757-774.

[2] Acs Z J, Braunerhjelm P, Audretsch D B, Carlsson B. The knowledge spillover theory of entrepreneurship. Small Business Economics, 2009, 32(1): 15-30.

[3] Acs Z J, Plummer L A. Penetrating the "knowledge filter" in regional economies. Annals of Regional Science, 2005, 39(3): 439-456.

[4] Adams R, Bessant J, Phelps R. Innovation management measurement: A review. International Journal of Management Reviews, 2006, 8(1): 21-47.

[5] Afrifa G A, Tingbani I, Yamoah F, Appiah G. Innovation input, governance and climate change: Evidence from emerging countries. Technological Forecasting and Social Change, 2020, 161: 120256.

[6] Ahmed S S, Guozhu J, Mubarik S, Khan M, Khan E. Intellectual capital and business performance: the role of dimensions of absorptive capacity. Journal of Intellectual Capital, 2020, 21(1): 23-39.

[7] Alegre J, Chiva R. Assessing the impact of organisational learning capability on product innovation performance: An empirical test. Technovation, 2008, 28(6): 315-326.

[8] Alguezaui S, Filieri R. A knowledge-based view of the extending enterprise for enhancing a collaborative innovation advantage. International Journal of Agile Systems and Management, 2014, 7(2): 116-131.

[9] Ali M, Ali I, Al-Maimani K A, Park K. The effect of organisational structure on absorptive capacity in single and dual learning modes. Journal of Innovation and Knowledge, 2018, 3(3): 108-114.

[10] Aliasghar O, Rose E L, Chetty S. Where to search for process innovations? The mediating role of absorptive capacity and its impact on process innovation. Industrial Marketing Management, 2019, 82: 199-212.

[11] Arocena R, Sutz J. Universities and social innovation for global sustainable development as seen from the south. Technological Forecasting and Social Change, 2021, 162: 120399.

[12] Arundel A, Bloch C, Ferguson B. Advancing innovation in the public sector: Aligning innovation measurement with policy goals. Research Policy, 2019, 48(3): 789-798.

[13] Asheim B T, Isaksen A. Regional innovation systems: The integration of local "sticky" and global "ubiquitous" knowledge. Journal of Technology Transfer, 2002, 27(1): 77-86.

[14] Attia A, Essam Eldin I. Organisational learning, knowledge management capability and supply chain management practices in the Saudi food industry. Journal of Knowledge Man-

agement, 2018, 22(6): 1217-1242.

[15] Audretsch D B, Aldridge T T, Oettl A. The Knowledge Filter and Economic Growth: The Role of Scientist Entrepreneurship. SSRN Electronic Journal, 2006: n. pag.

[16] Audretsch D B, Feldman M P. Chapter 61 Knowledge spillovers and the geography of innovation. Handbook of Regional and Urban Economics, 2004, 4(4): 2713-2739.

[17] Bae J, Chung Y, Lee J, Seo H. Knowledge spillover efficiency of carbon capture, utilization, and storage technology: A comparison among countries. Journal of Cleaner Production, 2020, 246(10): 119003. 1-119003. 9.

[18] Belderbos R, Carree M, Lokshin B, Fernández Sastre J. Inter-temporal patterns of R&D collaboration and innovative performance. Journal of Technology Transfer, 2015, 40(1): 123-137.

[19] Berchicci L. Towards an open R&D system: Internal R&D investment, external knowledge acquisition and innovative performance. Research Policy, 2013, 42(1): 117-127.

[20] Berkhout A J, Hartmann D, Van Der Duin P, Ortt R. Innovating the innovation process. International Journal of Technology Management, 2006, 34(3-4): 390-404.

[21] Bernstein J I, Nadiri M I. Research and development and intra-industry spillovers: An empirical application of dynamic duality. Review of Economic Studies, 1989, 56(2): 249-269.

[22] Bernstein J, Nadiri M I. Interindustry R&D Spillovers, Rates of Return, and Production in High-Tech Industries. The American Economic Review, 1988, 78(2): 429-434.

[23] Bogers M, Chesbrough H, Moedas C. Open innovation: Research, practices, and policies. California Management Review, 2018, 60(2): 5-16.

[24] Bos-Brouwers H E J. Corporate sustainability and innovation in SMEs: Evidence of themes and activities in practice. Business Strategy and the Environment, 2010, 19(7): 417-435.

[25] Carayannis E G, Campbell D F J. "Mode 3" and "Quadruple Helix": Toward a 21st century fractal innovation ecosystem. International Journal of Technology Management, 2009, 46(3-4): 201-234.

[26] Carayannis E G, Campbell D F J. Triple helix, Quadruple helix and Quintuple helix and how do Knowledge, Innovation and the Environment relate to Each other? a proposed framework for a trans-disciplinary analysis of sustainable development and socialecology. International Journal of Social Ecology and Sustainable Development, 2010, 1(1): 41-69.

[27] Carayannis E G, Provance M. Measuring firm innovativeness: towards a composite innovation index built on firm innovative posture, propensity and performance attributes. International Journal of Innovation and Regional Development, 2008, 1(1): 90.

[28] Cassiman B, Veugelers R. R&D cooperation and spillovers: Some empirical evidence from Belgium. American Economic Review, 2002, 92(4): 1169-1184.

[29] Cassol A, Gonçalo C R, Ruas R L. Redefining the relationship between intellectual capital

and innovation: The mediating role of absorptive capacity. BAR - Brazilian Administration Review, 2016, 13(4): 1-25.

[30] Castro Benavides L M, Tamayo Arias J A, Arango Serna M D, Branch Bedoya J W, Burgos D. Digital Transformation in Higher Education Institutions: A Systematic Literature Review. Sensors (Basel, Switzerland), 2020, 20(11): 1-22.

[31] Chesbrough H, Kardon A. Beyond high tech: early adopters of open innovation in other industries. R&D Management, 2006, 36(3): 229-236.

[32] Cohen K J, Hawawini G A, Maier S F, Schwartz R A, Whitcomb D K. Implications of Microstructure Theory for Empirical Research on Stock Price Behavior. The Journal of Finance, 1980, 35(2): 249-257.

[33] De Brentani U. Innovative versus incremental new business services: Different keys for achieving success. Journal of Product Innovation Management, 2001, 18(3): 169-187.

[34] Del Giudice M, G Carayannis E, Palacios-Marqués D, Soto-Acosta P, Meissner D. Thehuman dimension of open innovation. Management Decision, 2018, 56(6): 1159-1166.

[35] Diéguez-Soto J, Manzaneque M, Rojo-Ramírez A A. Technological Innovation Inputs, Outputs, and Performance: The Moderating Role of Family Involvement in Management. Family Business Review, 2016, 29(3): 327-346.

[36] Duan Y, Liu S, Cheng H, Chin T, Luo X. International Journal of Production Economics The moderating effect of absorptive capacity on transnational knowledge spillover and the innovation quality of high-tech industries in host countries: Evidence from the Chinese manufacturing industry. International Journal of Production Economics, 2021, 233: 108019.

[37] Dziallas M, Blind K. Innovation indicators throughout the innovation process: An extensive literature analysis. Technovation, 2019, 80-81: 3-29.

[38] Elahi S, Kalantari N, Azar A, Hassanzadeh M. Impact of common innovation infrastructures on the national innovative performance: mediating role of knowledge and technology absorptive capacity. Innovation: Management, Policy and Practice, 2016, 18(4): 536-560.

[39] Engelen A, Kube H, Schmidt S, Flatten T C. Entrepreneurial orientation in turbulent environments: The moderating role of absorptive capacity. Research Policy, 2014, 43(8): 1353-1369.

[40] Fang E, Lee J, Yang Z. The timing of codevelopment alliances in new product development processes: Returns for upstream and downstream partners. Journal of Marketing, 2015, 79(1): 64-82.

[41] Fudickar R, Hottenrott H. Public research and the innovation performance of newtechnology based firms. Journal of Technology Transfer, 2019, 44(2): 326-358.

[42] Ganzer P P, Chais C, Olea P M. Product, process, marketing and organisational innovation in industries of the flat knitting sector. RAI Revista de Administração e Inovação,

2017, 14(4): 321-332.

[43] Gertler M S. Tacit knowledge and the economic geography of context, or the undefinable tacitness of being (there). Journal of Economic Geography, 2003, 3(1), 75-99.

[44] Gloet M, Terziovski M. Exploring the relationship between knowledge management practices and innovation performance. Journal of Manufacturing Technology Management, 2004, 15(5): 402-409.

[45] Griliches Z, Lichtenberg F. Interindustry Technology Flows and Productivity Growth: A Re-examination. The Review of Economics and Statistics, 1984, 66(2): 324.

[46] Hagedoorn J, Cloodt M. Measuring innovative performance: is there an advantage in using multiple indicators? Research policy, 2003, 32(8): 1365-1379.

[47] Heaton S, Siegel D S, Teece D J. Universities and innovation ecosystems: A dynamic capabilities perspective. Industrial and Corporate Change, 2019, 28(4): 921-939.

[48] Hinings B, Gegenhuber T, Greenwood R. Digital innovation and transformation: An institutional perspective. Information and Organisation, 2018, 28(1): 52-61.

[49] Hong J, Zheng R, Deng H, Zhou Y. Green supply chain collaborative innovation, absorptive capacity and innovation performance: Evidence from China. Journal of Cleaner Production, 2019, 241: 118377. 1-118377. 13

[50] Huizingh E K R E. Open innovation: State of the art and future perspectives. Technovation, 2011, 31(1): 2-9.

[51] Jacobs B, Karpova E. What do merchandisers need to succeed?: development of an apparel merchandising competency framework. International Journal of Fashion Design, Technology and Education, 2019, 12(3):272-282.

[52] Jaffe A B. Technological Opportunity and Spillovers of R & D: Evidence from Firms' Patents, Profits, and Market Value. The American Economic Review, 1986, 76: 984-1001.

[53] Ji S, Pan S, Cambria E, Member S, Marttinen P, Yu P S, Fellow L. A Survey on Knowledge Graphs: Representation, Acquisition, and Applications. IEEE Transactions on Neural Networks and Learning Systems, 2021, 33: 494-514.

[54] José M, Pereira S, Pinheiro P. Factors and Barriers to Tacit Knowledge Sharing in Non-Profit Organizations - a Case Study of Volunteer Firefighters in Portugal. Journal of the Knowledge Economy, 2021, 12(5/6): 1294-1313.

[55] Kaiser U. Measuring knowledge spillovers in manufacturing and services: An empirical assessment of alternative approaches. Research Policy, 2002, 31(1): 125-144.

[56] Kaufmann C, Kock A, Gemünden H G. Strategic and cultural contexts of real options reasoning in innovation portfolios. Journal of Product Innovation Management, 2021, 38(3): 334-354.

[57] Kedia B L, Bhagat R S. Cultural Constraints on Transfer of Technology Across Nations:

Implications for Research in International and Comparative Management. Academy of Management Review, 1988, 13(4): 559-571.

[58] Kelsey R L, Hartley R T, Webster R B. An Object-Based Methodology for Knowledge Representation in SGML. Proceedings Ninth IEEE International Conference on Tools with Artificial Intelligence, 1997, pp: 304-311.

[59] Kesteloot K, Veugelers R. Katrien kesteloot. Journal of Economics and Management Strategy, 1995, 4(4): 651-672.

[60] Koskinen K U, Pihlanto P, Vanharanta H. Tacit knowledge acquisition and sharing in a project work context. International Journal of Project Management, 2003, 21(4): 281-290.

[61] Kroll H, Kou K. Innovation output and state ownership: empirical evidence from China's listed firms. Industry and Innovation, 2019, 26(2): 176-198.

[62] Lahiri N. Geographic distribution of R&D activity: how does it affect innovation quality? Acad. Manag, 2010, 53(5): 1194-1209.

[63] Lane P J, Lubatkin M. Relative absorptive capacity and interorganisational learning. Strategic Management Journal, 1998, 19(5): 461-477.

[64] Leydesdorff L, Etzkowitz H. Conference report: The Triple Helix as a model for innovation studies. Science and Public Policy, 1998, 25(3): 195-203.

[65] Li Y, Bosworth D. R&D spillovers in a supply chain and productivity performance in British firms. Journal of Technology Transfer, 2020, 45(1): 177-204.

[66] Lichtenthaler H K, Buschmann C, Knapp M. How to correctly determine the different chlorophyll fluorescence parameters and the chlorophyll fluorescence decrease ratio RFd of leaves with the PAM fluorometer. Photosynthetica, 2005, 43(3): 379-393.

[67] Lin R, Xie Z, Hao Y, Wang J. Improving high-tech enterprise innovation in big data environment: A combinative view of internal and external governance. International Journal of Information Management, 2020, 50: 575-585.

[68] Liu W, Atuahene-Gima K. Enhancing product innovation performance in a dysfunctional competitive environment: The roles of competitive strategies and market-based assets. Industrial Marketing Management, 2018, 73: 7-20.

[69] Löfsten H. Product innovation processes and the trade-off between product innovation performance and business performance. European Journal of Innovation Management, 2014, 17(1): 61-84.

[70] Lucas R E. On the mechanics of economic development. Journal of Monetary Economics, 1988, 22: 3-42.

[71] Lukas B A, Whitwell G J, Heide J B. Why Do Customers Get More Than They Need? How Organizational Culture Shapes Product Capability Decisions. Journal of Marketing, 2013, 77(1): 1-12.

[72] Lv C, Shao C, Lee C C. Green technology innovation and financial development: Do envi-

ronmental regulation and innovation output matter?. Energy Economics, 2021, 98(6): 105237. 1-105237. 14.

[73] Zack M H. Developing a knowledge strategy. California Management Review, 1999, 41(3), 125-145.

[74] Maciag R. Knowledge as a Complex Phenomenon. International Conference on Complexity, Future Information Systems and Risk, 2020, 155: 113-119.

[75] Management T. How to benefit from open innovation? An empirical investigation of open innovation, external partnerships and firm capabilities in the automotive industry International Journal of Technology Management, 2015, 69(1): 54-76.

[76] Mardani A, Nikoosokhan S, Moradi M, Doustar M. The Relationship Between Knowledge Management and Innovation Performance. Journal of High Technology Management Research, 2018, 29(1): 12-26.

[77] Messeni Petruzzelli A, Murgia G. University-Industry collaborations and international knowledge spillovers: a joint-patent investigation. Journal of Technology Transfer, 2020, 45(4): 958-983.

[78] Migdadi, M. M. Knowledge management processes, innovation capability and organizational performance. International Journal of Productivity and Performance Management, 2020, 71(1): 182-210.

[79] Mota Veiga P, Figueiredo R, Ferreira J J M, Ambrósio F. The spinner innovation model: understanding the knowledge creation, knowledge transfer and innovation process in SMEs. Business Process Management Journal, 2021, 27(2): 590-614.

[80] Mowery D C, Oxley J E. Inward technology transfer and competitiveness: The role of national innovation systems. Cambridge Journal of Economics, 1995, 19(1): 67-93.

[81] Mueller P. Exploring the knowledge filter: How entrepreneurship and university-industry relationships drive economic growth. Research Policy, 2006, 35(10): 1499-1508.

[82] Mukoyama T. Innovation, imitation, and growth with cumulative technology. Journal of Monetary Economics, 2003, 50(2): 361-380.

[83] Muller E, Peres R. The effect of social networks structure on innovation performance: A review and directions for research. International Journal of Research in Marketing, 2019, 36(1): 3-19.

[84] Naing N N. Determination of sample size. Malaysian Journal of Medical Sciences, 2003, 10(2): 84-86.

[85] Nelson A J. Measuring knowledge spillovers: What patents, licenses and publications reveal about innovation diffusion. Research Policy, 2009, 38(6): 994-1005.

[86] Nelson A J. Measuring Knowledge Spillovers: What Patents, Licenses and Publications Reveal About Innovation Diffusion. SSRN Electronic Journal, 2009, 38(6): 994-1005.

[87] Nelson M. DIETARY SURVEYS | Measurement of Food Intake. Encyclopedia of Food

Sciences and Nutrition, 2003, 27(2): 1869-1876.

[88] Nwachukwu C, Chladkova H, Fadeyi O. Strategy formulation process and innovation performance nexus. International Journal for Quality Research, 2018, 12(1): 147-164.

[89] Ortenzi R, Maresca C, Sebastiani C, Cucco L, Filippini G, Fruganti G, Mancuso D, Paoluzzi O, Scoccia E, Magistrali C F. Mycoplasma bovis infection: An observational study in a dairy herd. Large Animal Review, 2013, 19(1): 11-15.

[90] Parida V, Westerberg M, Frishammar J. Inbound Open Innovation Activities in High-Tech SMEs: The Impact on Innovation Performance. Journal of Small Business Management, 2012, 50(2): 283-309.

[91] Parthasarthy R, Hammond J. Product innovation input and outcome: Moderating effects of the innovation process. Journal of Engineering and Technology Management - JET-M, 2002, 19(1): 75-91.

[92] Patricio Duran, Nadine Kammerlander, Marc van Essen, Thomas Zellweger. Doing More with Less: Innovation Input and Output in Family Firms. Academy of Management Journal, 2015, 59(4): 1224-1264.

[93] Porter M E. Location, Competition, and Economic Development: Local Clusters in a Global. Economic Development Quarterly, 2000, 14(1): 15-34.

[94] Pozzo R, Filippetti A, Paolucci M, Virgili V. What does cultural innovation stand for? Dimensions, processes, outcomes of a new innovation category. Science and Public Policy, 2020, 47(3): 425-433.

[95] Prencipe A, Corsi C, Rodríguez-Gulías M J, Fernández-López S, Rodeiro-Pazos D. Influence of the regional entrepreneurial ecosystem and its knowledge spillovers in developing successful university spin-offs. Socio-Economic Planning Sciences, 2020, 72(12): 100814. 1-100814. 9.

[96] Proeger T. Knowledge Spillovers and Absorptive Capacity—Institutional Evidence from the "German Mittelstand." Journal of the Knowledge Economy, 2020, 11(1): 211-238.

[97] Qandah R, Suifan T S, Masa'deh R, Obeidat B Y. The impact of knowledge management capabilities on innovation in entrepreneurial companies in Jordan. International Journal of Organisational Analysis, 2020, 29(4): 989-1014.

[98] Qian H, Jung, H. Solving the knowledge filter puzzle: absorptive capacity, entrepreneurship and regional development. Small Business Economics, 2017, 48(1): 99-114.

[99] Ramadani V, Hisrich R D, Abazi-Alili H, Dana L P, Panthi L, Abazi-Bexheti L. Product innovation and firm performance in transition economies: A multi-stage estimation approach. Technological Forecasting and Social Change, 2019, 140(12): 271-280.

[100] Rashidian J, Iyirhiaro G, Aleyasin H, Rios M, Vincent I, Callaghan S, Bland R J, Slack R S, During M J, Park D S. Multiple cyclin-dependent kinases signals are critical mediators of ischemia/hypoxic neuronal death in vitro and in vivo. Proceedings of the National

Academy of Sciences of the United States of America, 2005, 102(39): 14080-14085.

[101] Rochford L, Rudelius W. New product development process: Stages and successes in the medical products industry. Industrial Marketing Management, 1997, 26(1): 67-84.

[102] Sanchez R. A Competence Perspective on Strategic Learning and Knowledge Management. Strategic Learning in a Knowledge Economy, 2000: 23-35.

[103] Santoro G, Bresciani S, Papa A. Collaborative modes with Cultural and Creative Industries and innovation performance: The moderating role of heterogeneous sources of knowledge and absorptive capacity. Technovation, 2020, 92-93:102040.

[104] Saunila M. Understanding innovation performance measurement in SMEs. Measuring Business Excellence, 2017, 21(1): 1-16.

[105] Shao S, Hu Z, Cao J, Yang L, Guan D. Environmental Regulation and Enterprise Innovation: A Review. Business Strategy and the Environment, 2020, 29(3): 1465-1478.

[106] Singh J. Distributed R & D, cross-regional knowledge integration and quality of innovative output. Research Policy, 2008, 37(1): 77-96.

[107] Solow R M. A Contribution to the Theory of Economic Growth Author (s): Robert M . Solow Source. The Quartely Journal of Economics, 1956, 70(1): 65-94.

[108] Stolpe M. Determinants of knowledge diffusion as evidenced in patent data: The case of liquid crystal display technology. Research Policy, 2002, 31(7): 1181-1198.

[109] Sun H, Edziah B K, Kporsu A K, Sarkodie S A, Taghizadeh-Hesary F. Energy efficiency: The role of technological innovation and knowledge spillover. Technological Forecasting and Social Change, 2021, 167(6): 120659.1-120659.14.

[110] Szulanski G. Exploring internal stickiness: Impediments to the transfer of best practice within the firm. Strategic Management Journal, 1996, 17(S2): 27-43.

[111] Teece D J. Strategies for Managing Knowledge Assets: The Role of Firm Structure and Industrial Context. Long Range Planning, 2000, 33(1): 35-54.

[112] Tseng C Y, Pai D C, Hung C H. Knowledge absorptive capacity and innovation performance in KIBS. Journal of Knowledge Management, 2011, 15(6): 971-983.

[113] Tsvetkova A, Partridge M. Knowledge-based service economy and firm entry: an alternative to the knowledge spillover theory of entrepreneurship. Small Business Economics, 2021, 56(2): 637-657.

[114] Udriyah Tham J, Ferdous Azam S M. The effects of market orientation and innovation on competitive advantage and business performance of textile smes. Management Science Letters, 2019, 9(9): 1419-1428.

[115] Un C A, Asakawa K. Types of R & D Collaborations and Process Innovation: The Benefit of Collaborating Upstream in the Knowledge Chain . Entrepreneurship, 2015, 32(1): 138-153.

[116] Wang Z, Jin T, Yue L, He H. Research on the factors affecting the innovation perform-

ance of China's new energy type enterprises from the perspective of industrial policy. Journal of Thermal Analysis and Calorimetry, 2021, 144(5): 1681-1688.

[117] Wardley P, Griliches Z. Output Measurement in the Service Sectors. The Economic Journal, 1995, 105(430): 736.

[118] Warr B, Ayres R U. Useful work and information as drivers of economic growth. Ecological Economics, 2012, 73: 93-102.

[119] West J, Bogers M. Leveraging external sources of innovation: A review of research on open innovation. Journal of Product Innovation Management, 2014, 31(4): 814-831.

[120] Xie X, Huo J, Zou H. Green process innovation, green product innovation, and corporate financial performance: A content analysis method. Journal of Business Research, 2019, 101: 697-706.

[121] Xie X, Zou H, Qi G. Knowledge absorptive capacity and innovation performance in high-tech companies: A multi-mediating analysis. Journal of Business Research, 2018, 88: 289-297.

[122] Xu X, Wang Z, Zhou B, Zhang Z. The empirical analysis of knowledge spillover effect measurement. Knowledge Management Research and Practice, 2019, 17(1): 83-95.

[123] Yam R C M, Lo W, Tang E P Y, Lau A K W. Analysis of sources of innovation, technological innovation capabilities, and performance: An empirical study of Hong Kong manufacturing industries. Research Policy, 2011, 40(3): 391-402.

[124] Yi J, Hong J, Hsu W chung, Wang C.. The role of state ownership and institutions in the innovation performance of emerging market enterprises: Evidence from China. Technovation, 2017, 62-63: 4-13.

[125] Ying L, Liu X, Li M, Sun L, Xiu P, Yang J. How does intelligent manufacturing affects enterprise innovation? The mediating role of organisational learning. Enterprise Information Systems, 2022, 16(4): 630-667.

[126] Yu A, Shi Y, You J, Zhu J. Innovation performance evaluation for high-tech companies using a dynamic network data envelopment analysis approach. European Journal of Operational Research, 2021, 292(1): 199-212.

[127] Yun J H J, Liu Z. Micro- and macro-dynamics of open innovation with a Quadruple-Helix model. Sustainability (Switzerland), 2019, 11(12): 1-17.

[128] Zahra S A, George G. Absorptive capacity: A review, reconceptualization, and extension. Academy of Management Review, 2002, 27(2): 185-203.

[129] Zhang Y J, Shi W, Jiang L. Does China's carbon emissions trading policy improve the technology innovation of relevant enterprises? Business Strategy and the Environment, 2020, 29(3): 872-885.

[130] Zhao S, Jiang Y, Wang S. Innovation stages, knowledge spillover, and green economy development: moderating role of absorptive capacity and environmental regulation. Envi-

ronmental Science and Pollution Research, 2019, 26(24): 25312-25325.

[131] Zhu H, Zhang S, Jin Z. The effects of online social networks on tacit knowledge transmission. Physica A, 2016, 441: 192-198.

[132] Zirger B J, Maidique M A. A Model of New Product Development: An Empirical Test. Management Science, 1990, 36(7): 867-883.

[133] Zou T, Ertug G, George G. The capacity to innovate: a meta-analysis of absorptive capacity. Innovation: Organisation and Management, 2018, 20(2): 87-121.